南越王博物院

NANYUE KING MUSEUM

探索·实践

南越文王墓发现 40 周年

南越王博物院

（西汉南越国史研究中心）

编著

科 学 出 版 社

北 京

图书在版编目（CIP）数据

探索·实践：南越文王墓发现40周年 / 南越王博物院（西汉南越国史研究中心）编著.—北京：科学出版社，2023.12
ISBN 978-7-03-077404-0

Ⅰ.①探⋯ Ⅱ.①南⋯ Ⅲ.①南越（古族名）–墓葬（考古）–研究–广州
Ⅳ.①K878.84

中国国家版本馆CIP数据核字（2023）第253301号

责任编辑：樊　鑫 /责任校对：邹慧卿
责任印制：肖　兴 /书籍设计：北京美光设计制版有限公司

科学出版社出版
北京东黄城根北街16号
邮政编码：100717
http://www.sciencep.com
北京汇瑞嘉合文化发展有限公司印刷
科学出版社发行　各地新华书店经销

*

2023年12月第　一　版　开本：889×1194　1/16
2023年12月第一次印刷　印张：17 1/2
字数：540 000

定价：368.00元
（如有印装质量问题，我社负责调换）

《探索·实践——南越文王墓发现 40 周年》
图录编委会

主　　编

李民涌

副 主 编

侯方韵　魏文涛　李灶新　王维一　王　强

执行主编

冯筱媛

校　　对

史明立　胡田甜　詹小赛　黄巧好　董兆斯

"探索·实践——南越文王墓发现 40 周年特展"
展览策划实施

◆ **展览策划**

总 策 划: 李民涌

项目指导: 李灶新

项目统筹: 章　昀　李秋晨

项目主持: 史明立

核心小组: 史明立　章　昀　叶丹洋　冯筱媛

资料编辑: 黄巧好　詹小赛　乐新珍　刘思漫　石蕴慈

多媒体展项: 湛家颖

设计指导: 石一君

文物组织: 何东红　叶丹洋　向晋艳　崔亚平　史林花　李光辉　石蕴慈

　　　　　　黄明乐　范彬彬

布　　展: 李秋晨　史明立　胡在强　霍雨丰　乔　娇　何少伟　施　梵

　　　　　　何东红　叶丹洋　向晋艳　崔亚平　史林花　李光辉　石蕴慈

　　　　　　黄明乐　范彬彬　吕月明　张　越　湛家颖　刘思漫　罗小婵

　　　　　　欧阳威　余展豪　陈曼烁　陈美红　张诗君

展厅摄影: 欧阳威

口述史纪录片: 史明立　何东红　叶丹洋　刘思漫　赵芊孜　王梓桐

前　言

　　秦汉时期是中国历史上第一个大一统时期，开创了中国古代社会的早期盛世，也为我国统一多民族国家的形成奠定了重要基础。公元前 214 年，秦始皇统一岭南，设立桂林、南海、象郡三郡，以番禺（今广州）为南海郡治。公元前 203 年，赵佗建立南越国，南越国传五主，历 93 年。作为秦汉帝国的重要组成部分，岭南地区的社会、经济、文化在南越国时期取得了长足发展，并实现了空前繁荣。

　　广州是首批国家历史文化名城，文化遗产资源丰富。1953 年起，广州配合城市建设工程开展大规模田野考古工作，至今整整 70 年。70 年间，广州地区的考古工作取得了巨大成就。作为广州考古成果的重要组成部分，南越国三大遗迹——南越文王墓、南越国宫署遗址和南越国木构水闸遗址与其他西汉早期物质文化遗存共同呈现了秦汉岭南家国一体的政治文化格局，是秦汉以来岭南地区融入统一的多民族国家进程的重要历史见证。

　　1983 年，南越文王墓的发现与完整、科学的发掘，是广州考古的重要里程碑。"对历史最好的继承，就是创造新的历史；对人类文明最大的礼敬，就是创造人类文明新形态。"2023 年恰逢南越文王墓发现 40 周年，我们希望以"探索·实践——南越文王墓发现 40 周年特展"为契机，展示南越国遗迹发现、保护、利用的发展历程；展示先进的保护理念与宝贵经验；展示几代考古人及文博工作者锐意进取、奋楫笃行的精神面貌，致力于守护与传承文化遗产，建设具有中国特色、中国风格、中国气派的考古学和世界一流的博物馆。

目　录

大事记

1953　1953 年起，广州配合城市建设工程开展大规模田野考古工作，揭开了广州系统化、专业化、科学化考古的序幕。

1975　1975 年，考古工作者在中山四路原市文化局院内，发现了南越国砖石走道，揭开了南越国宫署遗址考古发掘的序幕。

1983　1983 年 6 月 9 日，广州解放北路象岗建筑工地在挖地基时发现一大型古墓，拉开了中国重大考古发现——南越文王墓发掘的序幕。

　　7 月 4 日，"广州象岗汉墓发掘队"正式成立，由麦英豪任队长，黄展岳、杨式挺任副队长。下设发掘组、保管组、技术组和行政组。

　　8 月 25 日，经过精心筹备，来自全国多地的 43 位考古专家汇集象岗山，开始了具有重要历史意义的考古发掘。

　　10 月 6 日上午，南越文王墓最后一批珍宝发掘完毕，运出墓室，历时 43 天的发掘圆满结束。共出土珍贵文物 1000 多件（套），令世人震惊。

1986　1986 年 12 月 27 日，西汉南越王墓博物馆奠基。

1988　1988 年，考古工作者在位于中山五路与北京路交界的新大新公司兴建地下室过程中发现了砖砌地面，清理出南越国池状遗迹。

　　2 月 8 日，西汉南越王墓博物馆正式对外开放。

1993　1993 年 2 月 8 日，西汉南越王墓博物馆全面建成并对外开放。

1995　1995 年，在广州中心城区城隍庙西侧一处建筑工地内，发现了一座南越国时期的大型石构水池。这一次发掘被评为 1995 年全国十大考古新发现之一。

1996　1996 年 8 月至 11 月，考古工作者在南越国石构水池西侧约 20 米的原清代儒良书院处进行考古发掘，清理出一口南越国王宫食水砖井。

　　11 月，秦代造船遗址、南越国宫署遗址及南越文王墓被公布为"全国重点文物保护单位"。

1997   1997 年，在南越国石构水池以南约 20 米的原广州市文化局大院内，揭露出一条较完整的南越国时期的曲流石渠遗迹。这次发掘被评为 1997 年全国十大考古新发现之一。

1998   1998 年，南越国宫署遗址管理机构——"南越王宫博物馆筹建处"成立。

2000   2000 年 4 月至 10 月，广州市文物考古研究所为配合越秀区西湖路光明广场建设工程进行考古发掘，清理出南越国木构水闸遗址。

2000 至 2009 年，由广州市文物考古研究所、中国社会科学院考古研究所、南越王宫博物馆筹建处组成联合考古队，在南越国宫署遗址（原儿童公园内）发掘出南越国一号和二号宫殿、一号廊道、砖石走道、食水砖井、北宫墙、渗水井和南越木简等重要遗迹和遗物。

2001   2001 年 11 月，西汉南越王墓博物馆正式更名为"西汉南越王博物馆"。

2006   2006 年，南越国木构水闸遗址被公布为"全国重点文物保护单位"，并与南越国宫署遗址、南越文王墓组成"南越国遗迹"入选"中国世界文化遗产预备名单"。

2009   2009 年 8 月 27 日，南越王宫博物馆奠基动工建设。

2012   2012 年，由南越国宫署遗址、南越文王墓等组成的"海上丝绸之路·广州史迹"被列入"中国世界文化遗产预备名单"。

2014   2014 年 5 月 1 日，南越王宫博物馆全面建成对外开放。

2016   2016 年，南越国宫署遗址、南越文王墓被国家文物局列入"海上丝绸之路·中国史迹"首批申遗遗产点之一。

2021   2021 年 9 月 8 日，西汉南越王博物馆、南越王宫博物馆合并组建南越王博物院（西汉南越国史研究中心）。

10 月 19 日，"南越国宫署遗址及南越王墓"入选"百年百大考古发现"。

2023   2023 年 6 月 9 日，南越文王墓发现 40 周年，西汉南越国史研究中心挂牌。

南越国遗迹——南越文王墓、南越国宫署遗址和南越国木构水闸遗址，是中国历史时期考古的重大发现。其中，南越文王墓是岭南地区发现的规模最大、随葬品最丰富、墓主身份最高的一座汉代彩绘石室墓；南越国宫署遗址展现了两千多年前王宫御苑先进的设计理念和高超的建筑水平；南越国木构水闸遗址是世界上迄今发现年代最早的一处木构水闸遗存。南越国遗迹的发现对研究中国秦汉史、秦汉时期岭南地区早期开发史，特别是该时期有关政治、经济、文化等方面的飞跃发展具有重大意义。

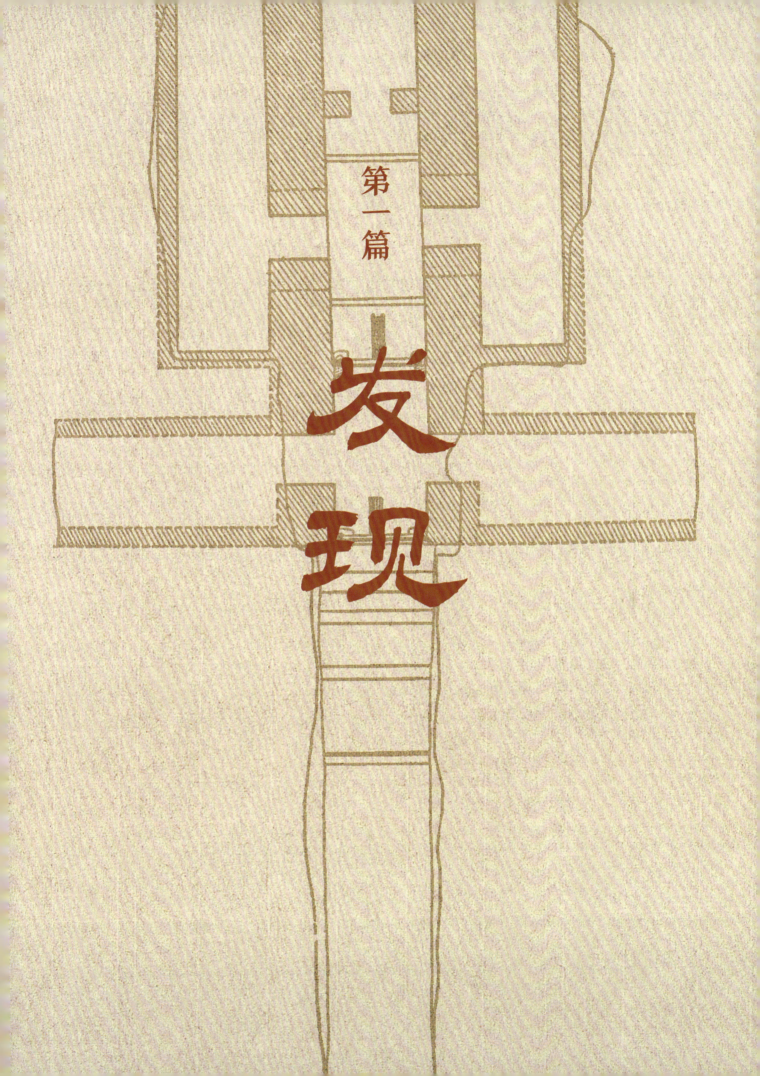

第一篇

发现

2021年10月18日，"第三届中国考古学大会"在河南省三门峡市开幕，适逢中国现代考古学百年，开幕式上公布"广东广州南越国宫署遗址及南越王墓"入选"百年百大考古发现"。

"百年百大考古发现"

旧石器(5项)

北京周口店遗址
河北阳原泥河湾遗址群
山西襄汾丁村遗址
辽宁营口金牛山遗址
宁夏灵武水洞沟遗址

新石器(33项)

河北武安磁山遗址
山西夏县西阴村遗址
内蒙古敖汉旗兴隆洼遗址
辽宁朝阳牛河梁遗址
上海青浦崧泽遗址
浙江浦江上山遗址
浙江余姚河姆渡遗址
浙江余杭良渚遗址
安徽含山凌家滩遗址
福建闽侯昙石山遗址
江西万年仙人洞、吊桶环遗址
山东泰安大汶口遗址
山东章丘城子崖遗址
河南舞阳贾湖遗址
河南新郑裴李岗遗址
河南渑池仰韶村遗址
河南三门峡庙底沟遗址
河南巩义双槐树遗址
湖北天门石家河遗址
湖南澧县鸡叫城遗址
湖南澧县城头山遗址
广西桂林甑皮岩遗址
重庆巫山大溪遗址
西藏昌都卡若遗址
陕西神木石峁遗址
陕西西安半坡遗址
陕西临潼姜寨遗址
甘肃秦安大地湾遗址
甘肃临洮马家窑遗址
香港马湾岛东湾仔北遗址

夏商(10项)

江西新干商代大墓
河南偃师二里头遗址
河南偃师商城遗址
河南郑州商城遗址
河南安阳殷墟(含洹北商城、后冈遗址)
湖北黄陂盘龙城遗址
湖北大冶铜绿山古铜矿遗址
四川广汉三星堆遗址
新疆若羌小河墓地
台湾卑南遗址

两周(15项)

北京琉璃河遗址
河北易县燕下都遗址
湖北随州曾侯乙墓

河北平山战国中山王墓
山西临汾晋侯墓地及曲村-天马遗址
山西侯马晋国遗址
山东临淄齐国故城
山东曲阜鲁国故城
河南三门峡虢国墓地
河南洛阳东周王城遗址

秦汉(16项)

北京大葆台汉墓
河北满城汉墓
吉林集安高句丽王城、王陵及贵族墓葬
江苏徐州狮子山楚王墓
江西西汉海昏侯墓
山东临沂银雀山汉墓
湖北云梦睡虎地秦墓
湖南长沙马王堆汉墓
广东广州南越国宫署遗址及南越王墓
广西合浦汉墓群
云南晋宁石寨山古墓群
陕西汉长安城遗址
陕西咸阳原遗址
陕西秦始皇陵

三国至隋唐(9项)

河北临漳邺城遗址及磁县北朝墓群
黑龙江渤海国上京龙泉府遗址
河南洛阳汉魏故城遗址
陕西法门寺遗址
甘肃敦煌莫高窟
青海都兰热水墓群
新疆吐鲁番阿斯塔那古墓群
新疆民丰尼雅遗址

宋辽金元(9项)

内蒙古辽上京遗址
内蒙古元上都遗址
黑龙江金上京会宁府遗址
浙江杭州南宋临安城遗址及官窑遗址
山东青州龙兴寺遗址
河南许昌白沙宋墓
广东"南海Ⅰ号"沉船
贵州遵义海龙屯遗址及播州杨氏土司墓群
宁夏西夏陵

明清(3项)

北京明定陵
江西景德镇御窑厂窑址
四川江口明末战场遗址

南越文王墓、南越国宫署遗址、南越国木构水闸遗址等是广州南越国时期的重要历史遗迹，是现存和已经消失的古越族文化的历史见证，是中国秦汉时期建筑、园林景观、工艺技术的杰出典范。南越国遗迹及其文化遗存反映了秦汉时期中原文化与多种区域文化和价值观念的重要交汇，对岭南文化的形成与发展产生了深远的影响。

- - - - - - - -

南越国都城范围

●

重要遗址

南越文王墓

——岭南之光 海宇攸同

1983年6月9日，广州市解放北路象岗建筑工地在挖地基时发现一座大型古墓，揭开了20世纪80年代中国考古五大发现之一——南越文王墓发掘的序幕。南越文王墓是新中国成立以来岭南地区汉代考古的重要里程碑，是继秦始皇陵兵马俑、满城汉墓、马王堆汉墓之后中国秦汉考古发现的又一高峰。

作为南越国第二代王赵眜的陵寝，南越文王墓保存完好，未被盗掘，其中出土了1000多件（套）珍贵文物，集秦汉岭南文物精华于一处，是岭南地区规模最大、保存最好、出土器物最多的汉代彩绘石室墓，集中反映了两千多年前南越国政治、经济和文化的发展状况，是研究秦汉时期岭南文化、中国多民族文化、世界多区域文化交流融合的宝库。

1983年7月4日，广州市文物管理委员会、中国社会科学院考古研究所及广东省博物馆联合组成的"广州象岗汉墓发掘队"正式成立，麦英豪任队长，黄展岳、杨式挺任副队长。下设发掘组、保管组、技术组和行政组。

1983年8月25日，来自全国多地的43位考古专家齐聚象岗山，开始具有重要历史意义的考古发掘。中国社会科学院副院长夏鼐、考古研究所副所长王廷芳和国家文物局副局长沈竹亲自到发掘现场，检查和指导工作。

1983年10月6日上午，随着最后一批珍宝发掘完毕运出墓室，历时43天的发掘圆满结束。这是中央和广东地方首次联手进行的一次科学而成功的发掘，运用了当时较为先进的技术手段，为之后的文物保护和研究奠定了基础。

"这是一个重大的发现，不下于马王堆和满城汉墓。从中国考古事业考虑，发掘象岗汉墓这件事情一定要办好。考古所要尽量运用现有的技术水平，尽最大力量投入这件工作中去。"——1983年6月16日，著名考古学家夏鼐同志就广州象岗汉墓的发现对中国社会科学院考古研究所负责同志的谈话（麦英豪记录）。

1983年6月20日，《关于发掘广州象岗大型汉墓的请示报告》很快得到国务院批准。

1983年7月21日，文化部颁发考古发掘证照，由广州市文物管理委员会、中国社会科学院考古研究所、广东省博物馆三家单位联合发掘。

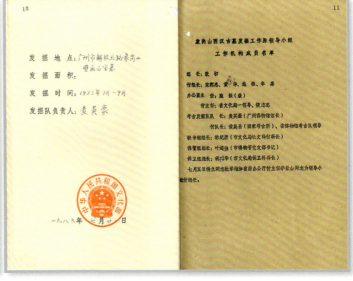

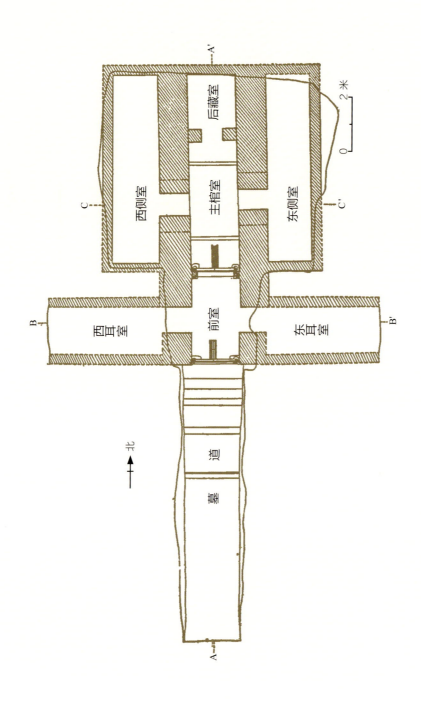

南越文王墓平面图

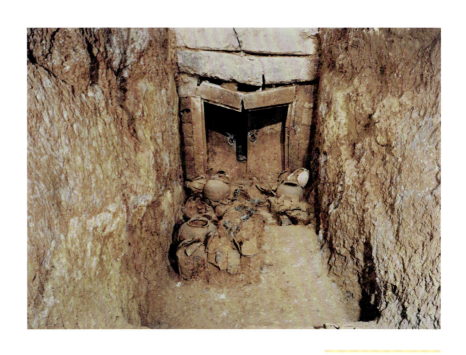

墓道与外藏椁出土场景

"景巷令印"鱼钮铜印

前室西侧放置一漆木车模型，东侧棺内发现一殉人，随葬"景巷令印"。

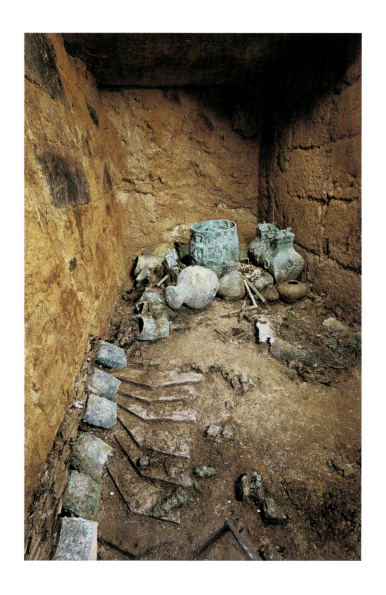

东耳室为礼乐宴饮用器的藏所。室内发现2套铜编钟、1套铜句鑃、2套石编磬及琴、瑟等乐器，还发现了壶、钫、提筒等青铜酒器。

"乐府工造"铜句鑃

西耳室为储存生活用器、珍玩的库房，出土礼器、兵器、车马器、生活用器、金银器等，它们大多用漆箱、漆盒盛放，或者用丝麻织物包裹，层叠堆放。

错金铭文铜虎节

主棺室为墓主的葬所。葬具为一棺一椁，棺椁内外发现有玉璧、玉容器及兵器、车饰等。

"文帝行玺"龙钮金印

"赵眜"玉印

墓主身穿丝缕玉衣，装饰组玉佩，携带9枚玺印，其中"文帝行玺"龙钮金印、"赵眜"玉印等是确认墓主身份及墓葬年代的主要依据，揭开了墓主人的身世之谜。

"右夫人玺"龟钮金印

东侧室为墓主四位夫人的葬所。其中右夫人随葬品多且精，出有"右夫人玺"金印、"赵蓝"象牙印、3枚无字印及2套组玉佩，表明其身份最高。其他三位夫人各有1枚鎏金铜印，分别为"左夫人印""泰夫人印""□夫人印"和1套组玉佩。

西侧室发现7名殉人，其中一位是40岁左右的中年女性，其他均为青壮年。他们均无棺木，随葬品较为简单，推测其生前为墓主人的奴仆隶役。

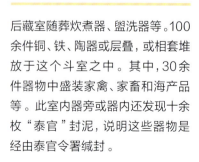

后藏室随葬炊煮器、盥洗器等。100余件铜、铁、陶器或层叠，或相套堆放于这个斗室之中。其中，30余件器物中盛装家禽、家畜和海产品等。此室内器旁或器内还发现十余枚"泰官"封泥，说明这些器物是经由泰官令署缄封。

象岗考古工地出入证

1983年8月25日，象岗汉墓的发掘工作正式开始，发掘人员正在对墓道随葬品进行登记、测量、拍摄和清理。

考古人员使用悬空发掘法清理西耳室文物

象岗西汉大墓的发现，引起各级领导的关注和重视。1983年9月18日，各级领导及专家学者在中山纪念堂接待室观看发掘录像。

1983年9月21日，中国社会科学院副院长夏鼐视察发掘工地，在仔细观察了主棺室露出的各种迹象后指出：棺椁已朽，应注意从板灰及附件的位置等获知其原始尺寸；要勤记录，多绘图、拍照，尽可能把各种迹象详记下来，为以后的研究提供根据；并提出了整取玉衣的建议。

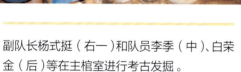

副队长杨式挺（右一）和队员李季（中）、白荣金（后）等在主棺室进行考古发掘。

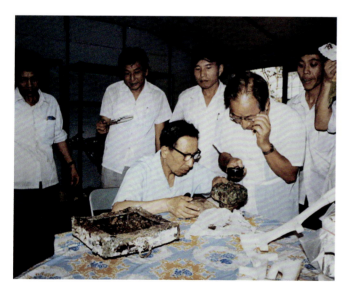

夏鼐等专家在察看出土文物

发掘人员在测绘墓顶图

南越文王墓发掘结束后全体工作人员合影

南越国宫署遗址

——千年官苑 岭南中心

南越国宫署遗址位于广州市老城区中心，是秦统一岭南以来历代郡、县、州、府等地方行政官署所在地，是广州历史文化名城的精华所在。它既是西汉南越国和五代南汉国的政治中枢，也是广州作为岭南地区政治、经济、文化中心的重要历史见证，揭示了海上丝绸之路形成、发展和繁荣的过程，是一部反映广州两千多年发展的史书，被誉为"岭南两千年中心地"。

南越国宫署遗址的发现和发掘工作从 1975 年开始，大致经历了 1975～1998 年为配合基本建设的抢救性发掘、2000 年为进一步探寻南越宫城所在的小范围试掘、2002～2009 年有计划按步骤地主动发掘三个阶段。至 2009 年，共发掘遗址面积约 16000 平方米，发现南越国王宫御苑、宫殿等重要遗迹，以及自秦汉至民国两千多年 13 个历史时期各类遗迹 4800 多处，出土石器、陶瓷器、铜器、铁器、铅器、木器等文物数万件及各种动植物遗存，现遗址保护范围面积约 10 万平方米。

1975 年，在中山四路原市文化局院内修建地下设施时进行抢救性发掘，发现了秦代造船遗址及覆压其上的南越国砖石走道，揭开了南越国宫署遗址考古发掘的序幕。

1988 年，位于中山五路与北京路交界处的新大新公司在兴建地下室工程时发现了砖砌地面，清理出南越国池状遗迹。

1994 年，广州市文化局计划引进外资在秦代造船遗址南面兴建信德文化广场，建设前在造船遗址西、北、东面开挖 3 条探沟，确认遗址有 3 个平行排列的造船台，长逾 100 米。

1995 年，广州市电信局在忠佑大街西侧兴建综合楼，从建筑工地桩孔里挖出"万岁"文字瓦当，经抢救性发掘，清理出南越国时期大型石构水池，是属岭南地区的首次发现，被评为"1995 年全国十大考古新发现"之一。

1996 年，对忠佑大街东侧的红旗剧场工地进行考古发掘，清理出五代南汉国内宫木构池苑遗迹。后又在南越国石构水池西侧发掘清理出一口结砌精巧的南越国王宫食水砖井。

1997 年，在南越国石构水池南面的广州市文化局大院建筑工地发掘出一条长约 160 米的曲流石渠，与 1995 年发现的石水池相连通，组成南越国宫苑人工园林水景遗迹，经国家文物局组织多学科专家论证，确认这是迄今为止发现年代最早保存较完整的秦汉宫苑实例宫苑实例，被评为"1997 年全国十大考古新发现"之一。

2000 年，根据广州市人民政府对儿童公园内进行考古试掘的指示精神，经国家文物局批准，由中国社会科学院考古研究所、广州市文物考古研究所和南越王宫博物馆筹建处联合组成考古队，在原儿童公园内选点试掘 350 平方米。发现了南越国一号宫殿遗迹，确认了南越国宫殿区位置。

2002 ～ 2009 年，由中国社会科学院考古研究所、广州市文物考古研究所和南越王宫博物馆筹建处联合组建发掘队，对南越国宫署遗址（原儿童公园内）进行分期分区发掘，共计发掘面积约 12000 平方米，取得重大收获。清理出南越国宫殿、南汉国宫殿、唐代大都督府和岭南节度使府、宋代广州知州衙署、元代广东道宣慰使司都元帅府、明清广东承宣布政司署等重要遗迹；出土南越国木简、"华音宫"印文陶器盖、"殿中"封泥等各类遗物，进一步明确了遗址所在地是广州两千多年来的城市中心。

南越国宫署遗址是广州城市发展的"原点"和两千多年来延续不变的城市中心，对研究古代广州城市产生、发展、形态、布局和文化特质等具有重要意义；是广州作为岭南文化中心地的重要历史见证，对探索岭南文化形成与发展模式具有重要意义；是岭南地区自秦汉以来融入统一多民族国家的重要历史见证，对铸牢中华民族共同体意识具有重要价值。遗址在"十一五"至"十四五"期间连续被列入国家大遗址项目。

南越国宫署遗址重点保护区航拍图

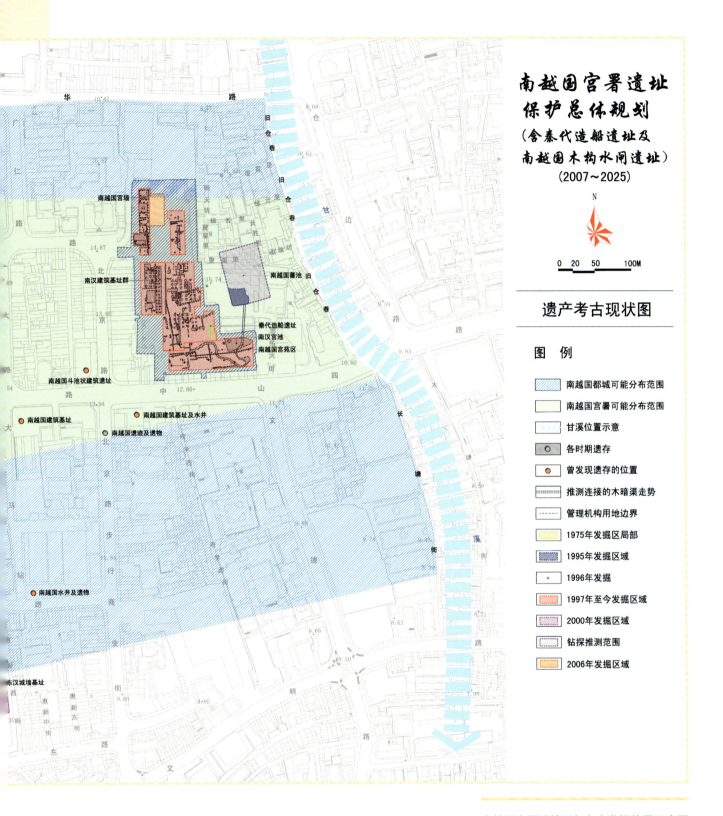

南越国宫署遗址历年考古发掘位置示意图

1975年发掘的秦代造船遗址1、2号船台

秦代造船遗址之上的南越国砖石走道

1988年，广州市文物管理委员会考古队
员全洪在清理南越国"万岁"瓦当。

1988年发掘用砖铺砌的南越国池状遗迹

1994年，在西探沟发掘出的秦代造船遗址1、2、3号船台。

1994年6月25日，考古发掘队队长麦英豪（右二）在清理秦代造船遗址西探沟负两米表土。

1994年9月，参加秦代造船遗址发掘工作人员合照。

1995年，广州市电信局在忠佑大街西侧兴建综合楼，从建筑工地桩孔里挖出"万岁"文字瓦当，经抢救性发掘，清理出一座南越国时期大型石构水池西南一角。

据勘探资料推测石构水池面积约4000平方米，目前仅揭露出西南一角约400平方米。池身呈斗状，池壁用砂岩石板呈密缝冰裂纹铺砌，池底方正，用卵石和碎石铺砌，在水池的南壁石板下还埋有一条向南延伸的木暗槽。在水池池壁石板上刻有一斗大的"蕃"字，此外还发现"皖""冶""阅"等文字石刻。

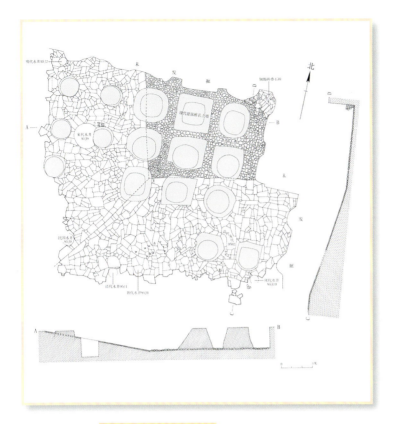

南越国石构水池平面图

倾倒的叠石柱

用碎石砌筑的池底

用砂岩石板砌筑的池壁

"蕃"字石刻

1996年红旗剧场发掘工作人员合照

1996年5～6月，对忠佑大街东侧的红旗剧场工地进行考古发掘，清理出五代十国南汉国内宫木构池苑遗迹。

1996年7月红旗剧场工地考古现场

1996年8～11月，在南越国石构水池西侧约20米的原清代儒良书院处进行考古发掘，清理出一口南越国王宫食水砖井。

南越国水井井底结构

1997年3月南越王宫食水砖井填封保护

1997年，在南越国石构水池南面的广州市文化局大院建筑工地发掘出一条保存基本完好的曲流石渠，自北而南，向东连接一座弯月池，西出蜿蜒曲折，残长约160米。石渠壁用砂岩石块砌筑，渠底用石板铺砌，石板之上密铺一层灰黑色的河卵石，当中筑有用以阻水和限水的"渠陂"等设施。石渠的西端尽头处还有石板平桥、步石和回廊等遗迹。它和1995年发现的石水池相连通，组成南越国宫苑人工园林水景。

南越国石构水池（蕃池）和曲流石渠遗迹鸟瞰图

南越国曲流石渠遗迹航拍图

曲流石渠遗迹局部和弯月形水池

1997年南越国宫署遗址曲流石渠遗迹主要发掘人员合照

1997年参加南越国宫署遗址曲流石渠遗迹发掘的中山大学师生合照

1998年1月9日，国家文物局副局长张柏率领徐苹芳、黄景略、宿白、郑孝燮、傅熹年、罗哲文、张忠培、李伯谦、傅连兴、刘庆柱、李准、王丹华、辛占山13位考古、文物保护、古建筑、规划等方面的专家考察曲流石渠遗迹现场。

国家文物局专家组名单

姓 名	单 位	签 名
徐苹芳	全国政协委员、中国社会科学院考古研究所原所长、研究员	
黄景略	国家文物局原副局长、中国文物研究所研究员	
宿 白	国家文物委员会委员、北京大学考古系教授	
郑孝燮	国家文物委员会委员、国家历史文化名城保护专家委员会副主任委员	
傅熹年	中国工程院院士、建设部建筑设计院建筑历史研究所研究员	
罗哲文	全国政协委员、国家历史文化名城保护专家委员会副主任委员	
张忠培	故宫博物院原院长、教授	
李伯谦	北京大学考古系主任、教授	
傅连兴	故宫博物院高级工程师	
刘庆柱	中国社会科学院考古研究所副所长、研究员	
李 准	北京市城市规划管理局顾问总建筑师	
王丹华	中国文物研究所研究员	
辛占山	辽宁省文物考古研究所所长、研究员	

1998年1月10日，国家文物局专家组在广州召开南越国宫署遗址专家论证会。

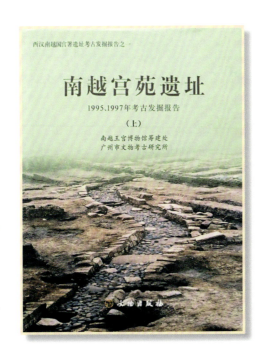

《南越宫苑遗址——1995、1997年考古发掘报告》获2008～2009年度广州市哲学社会科学优秀成果一等奖。

1998年2月18日，《中国文物报》刊登南越国宫署遗址等获评"1997年全国十大考古新发现"。

1998年2月20日，广州市市长林树森（右二）视察南越国宫苑遗址，指示下一步对南越国宫殿的探查可在儿童公园内选点试掘。

1998年，麦英豪先生陪同中国社会科学院考古研究所刘庆柱所长等在儿童公园内选点考古试掘。

2000年儿童公园试掘人员合影

2000年5月23日，广州市人民政府在遗址发掘现场召开新闻发布会通报这次发掘成果：发现了一处南越国时期的宫殿建筑遗存和一批唐宋时期的重要建筑遗迹和遗物，并表示将全力做好遗址的考古发掘、保护和申报世界文化遗产工作。

南越国宫署遗址（儿童公园内）发掘方案

在2000年2～5月对儿童公园选点试掘后，根据国家文物局的批复意见，在各级政府部门的协调下，制定了《南越国宫署遗址（儿童公园内）发掘方案》，并确定了分期发掘和重点保护的核心区域。

2000年8月11日，广东省文化厅邀请国家有关学科专家对南越国宫署遗址试掘结果进行论证，确认儿童公园内就是南越国的宫殿区所在，建议搬迁儿童公园进行全面发掘。

2001年12月15日，广州市儿童公园正式关闭并搬迁新建。广州市政府对遗址保护的决策，充分体现了其深思熟虑和远见卓识，为全国历史文化名城的保护工作树立了典范。

南越国宫署遗址现存遗迹平面图

原儿童公园 I 区东发掘工作现场

南越国二号宫殿基址瓦砾堆积中发现一件戳印"华音宫"铭款的陶器盖,为确定该宫殿的名称提供了依据。

2004年4月5日，中国社会科学院考古研究所刘瑞在原儿童公园Ⅰ区东清理南越国宫殿散水铺地砖，寻找与地层之间的依据。

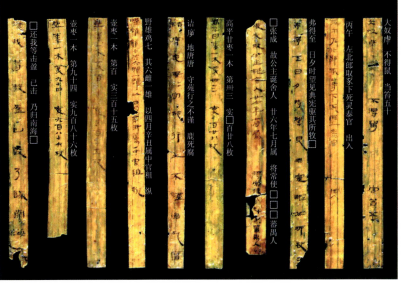

2004年，在南越国宫署遗址的一口渗水井（J264）内清理出百余枚木简。这批木简简文均墨书，字数不等，一般一简以十二字居多，内容涉及籍簿和法律文书，从多个侧面反映了南越国的各项制度和宫廷生活，弥补了南越国历史记载的不足。简文中所见的职官、郡置、军事、社会风俗、奖罚制度、果木培植等内容，为研究南越国历史提供了第一手文字资料，堪称"岭南第一简"。

2003年12月，中国社会科学院考古研究所杨勇（右一）等在原儿童公园Ⅱ区东发掘现场清理南朝建筑遗迹。

南朝建筑台基包边及排水沟遗迹

唐代铺砖走道（由南向北）及官署
主体台基式建筑基址

南汉国一号宫殿北面殿堂磉墩（由东南向西北）及二号宫殿东廊庑遗迹（由南向北）

宋代庭院水池遗迹（由西南向东北）

元代石板走道遗迹（由西向东）

清代广东布政司署31号房址（由南向北）

法国领事馆花园泳池遗迹（由西向东）。
1861年，法国政府强租广州藩司署（布政
司署）东侧附属建筑，在北面兴建法国领事
馆和花园，在南面修建法国学堂和邮局等。

南越国木构水闸遗址
——古国水利 岸线标识

　　南越国木构水闸遗址是位于广州市西湖路与惠福东路之间光明广场商厦地下一层的南越国时期排汲水利设施遗址，兼具防洪防潮、排水及防御功能。2000 年在光明广场大楼施工时发现该遗址，4 月至 10 月进行发掘，发掘面积约 600 平方米。是时，广场是建是拆一度成为社会争论的焦点，最后广州市人民政府决定在原地保护遗址，使之成为我国首个设在商厦内的原址保护点。

　　南越国木构水闸遗址在建材选择、地基处理、总体布置、泄流和闸室稳定处理等方面，都与现代建闸标准基本相符。它是目前世界上发现年代最早、规模最大、保存最完整的木构水闸遗址，是两千多年前城市防洪、排汲水设施的一座重要木构遗存。其历史信息丰富，科技水平较高，对研究两千多年前水利工程的设计、选址、地基处理及建闸工艺等至为珍贵。南越国木构水闸遗址的发现，确认了南越国都城的南城墙所在，为研究两汉时期广州城的布局结构、防洪设施，以及珠江江岸线在广州城区的演变等提供了重要线索，对于研究南越国史，以及中国古代水利工程和建筑技术具有极为重要的意义。

南越国木构水闸遗址俯瞰（由南至北）

国家文物局专家组考察南越国木构水闸遗址现场

水闸闸板木槽

水闸南侧东汉城墙木地栿基址

水闸的木、石结构

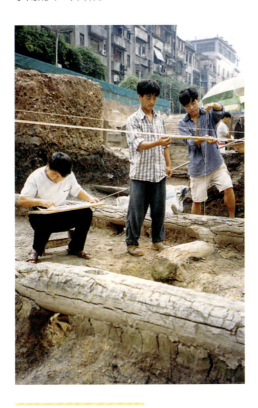

考古队员张金国等在测绘

考古领队冯永驱在发掘清理

南越国三大遗迹均位于广州的城市中心，经历和见证了广州城市现代化建设的发展历程。它们是城市现代化建设的产物和宝藏，幸而一经发现即得到科学严谨的考古发掘和及时有效的保护，并在政府的大力支持下在原址上建博物馆或陈列馆。在保护措施和保护力度方面为我国各地城市考古遗址保护事业树立了榜样。

2021年9月，基于南越王墓和南越国宫署遗址保护的南越王博物院建立，按照世界文化遗产的保护标准，我们致力于保存南越国遗迹的原真性、完整性，将研究、保护、展示高效融合，着力将其打造成我国城市建设中大遗址保护的典范。

第二篇

探索

　　博物馆分两期建设，一期工程对古墓进行加固维修，在象岗东坡建综合陈列楼；二期工程在古墓北侧建主体陈列楼。

　　1986年12月27日，建馆奠基仪式在象岗山举行，一期工程正式启动。1988年2月8日，综合陈列楼建成，博物馆正式对外开放，展出部分出土文物。1989年10月1日墓室正式对观众开放。1993年2月8日，第二期工程完工，位于古墓北侧的主体陈列楼竣工并推出"西汉南越王墓出土文物陈列"，标志着西汉南越王墓博物馆全面建成。

1986年7月21日，广州市委书记谢非（左三）在听取建馆情况的汇报。

1986年12月27日，西汉南越王墓博物馆建馆奠基仪式在象岗举行，广州市委、市政府领导许士杰、欧初、石安海、陈绮绮、博物馆设计者莫伯治等300余人参加。

西汉南越王墓博物馆是新中国成立后广州市第一座新建的博物馆,是广州文物博物馆事业发展的一个显著标志,也是中国改革开放以来在原址保护、展示考古遗址及其出土文物的典型范例。博物馆建筑也先后获得"国家优秀设计金奖""建筑部优秀设计一等奖""中国建筑学会建筑创作优秀奖""国际建筑协会第20届世界建筑师大会当代中国建筑艺术创作成就奖""20世纪世界建筑精品"等荣誉称号。

2001年11月,西汉南越王墓博物馆更名为"西汉南越王博物馆"。

2021年9月8日,西汉南越王博物馆与南越王宫博物馆正式合并成为南越王博物院(西汉南越国史研究中心)。

建设中的综合陈列楼

西汉南越王墓博物馆正门

1988年2月8日,综合陈列楼建成,广东省副省长杨立(右二)、广州市领导欧初(左二)参加剪彩仪式,博物馆正式对外开放,展示部分出土文物。

1989年10月1日，南越文王墓墓室原址加固维修及防护大棚建设工作全部完成，在其周围新建一匝长240米，宽2.5米的回廊，将古墓围起形成一个保护区。墓室正式对观众开放。

1992年，广州市文化局局长钟子硕（右一）陪同香港实业家、文物鉴藏家杨永德先生（右二）了解博物馆二期工程进展情况。此前，杨永德先生已捐款150万港元资助西汉南越王墓博物馆的建设。

建设中的主体陈列楼

1993年2月8日，古墓北面的主体陈列楼竣工，博物馆全面建成揭幕。国家文物局和广东省、广州市领导出席揭幕仪式。

杨永德伉俪向广州市政府捐赠的一批收藏多年的陶瓷枕也在博物馆专门展出。为感谢杨永德伉俪义举，时任广州市委书记高祀仁、市长黎子流特颁送"国宝无价、报国有心"匾。

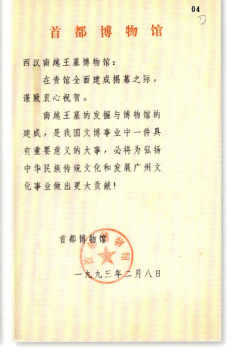

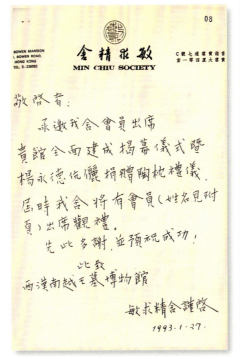

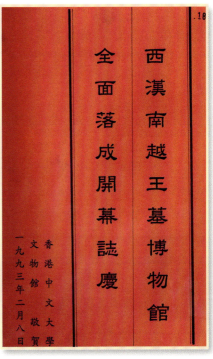

1993年，西汉南越王墓博物馆全面建成之际，上海博物馆、首都博物馆、香港敏求精舍、香港中文大学文物馆等多家博物馆及机构发来贺电。

二
南越王宫博物馆

　　现为南越王博物院王宫展区，位于广州市越秀区中山四路，依托南越国宫署遗址而建立，于2014年全面建成对外开放。博物馆以保护为前提，遗产本体为价值核心，围绕凸显南越王宫御苑和反映两千多年城市发展历史的遗迹、遗物进行设计。展示经科学规划、分类保护、合理利用，将本体展示、地表模拟、标识展示、陈列展示和声光电科技展示相结合，不仅呈现出南越国宫署遗址丰富的历史文化内涵，也彰显了广州历史文化名城的风貌。

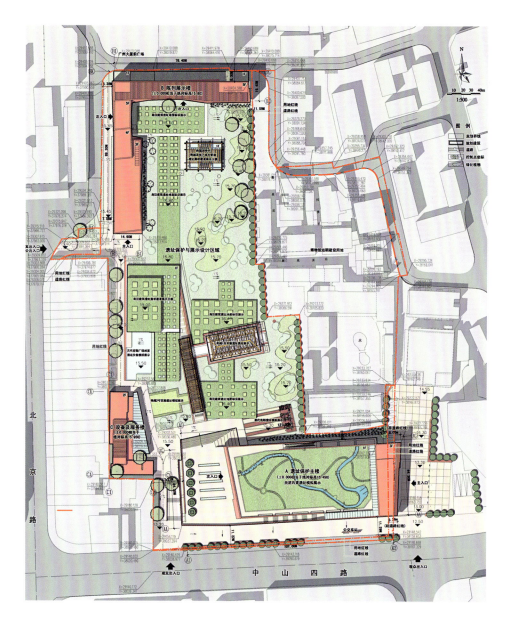

南越王宫博物馆建筑群设计图

2009年8月27日，南越王宫博物馆奠基仪式。

　　自1975年秦代造船遗址和南越国砖石走道发现以来，历经30余年的考古发掘，博物馆筹建处坚持"边发掘、边保护、边开放"的原则，在考古发掘过程中进行了四次局部开放，及时向全社会展示最新的考古成果，宣传考古科普知识。2014年，南越王宫博物馆正式建成，全面开放。

　　建成后的南越王宫博物馆建筑群由南越宫苑馆、南汉宫殿馆、陈列楼、古代水井馆、设备楼等建筑和中央遗址公园组成，采用分散式的建筑布局，将整体建筑"化整为零"，让建筑与遗址场地高度适应。以一种现代抽象的思维建构起建筑与遗址的文化关联，将建筑形式描绘为一个城市的"遗址"。

2010～2012年，建设中的南越王宫博物馆局部免费向公众开放，展示最新考古成果。

2014年，南越王宫博物馆全面建成，正式对公众开放。

南越宫苑馆全景（由西北向东南）

南汉宫殿馆

陈列楼全景（由南向北）

古代水井馆（由西北向东南）

设备楼

中央遗址公园——南越国一号廊道模拟展示

秦汉—明清砖瓦陶瓷标本展示墙

三

南越王博物院（西汉南越国史研究中心）

2021年9月8日，西汉南越王博物馆、南越王宫博物馆合并组建为南越王博物院（西汉南越国史研究中心）。博物院的成立，使原两馆资源得到优化配置，提升了广州文化遗产的保护和利用水平，扩大了南越文王墓与南越国宫署遗址的影响力，增强了南越文化的辨识度，对未来构建多元化、特色化、品质化的"南越王"博物馆品牌，传播岭南文化，推动"一带一路"建设，铸牢中华民族共同体意识具有重要意义。

2023年6月9日，位于南越王博物院王墓展区内的西汉南越国史研究中心正式揭牌，与古墓保护区、陈列展览区、配套服务区以及文物仓库区构成了有机统一的王墓展区建筑群。

2021年9月8日，南越王博物院（西汉南越国史研究中心）揭牌。

2023年6月9日，西汉南越国史研究中心正式揭牌。

　　研究中心总建筑面积3315平方米，内设藏品保护综合实验室、图书资料库房与阅览室、教育体验空间、学术报告厅等功能空间。中心落成后，将推动对秦汉历史、南越国史、岭南文化、海丝文化等相关领域研究；提升文物保护修复技术水平；满足两馆合并队伍扩大后办公空间需要；通过教育活动、图书阅览等活动与公众共享文化设施建设成果，助力粤港澳大湾区文化建设，提升岭南文化影响力。

　　西汉南越国史研究中心的揭牌和投入使用，是对南越文王墓发现40周年最好的纪念，不仅展现了这四十年辛勤耕耘的丰硕成果，也为下一个十年的实践和奋进打下坚实基础。今后，西汉南越国史研究中心将成为南越国历史研究的主要阵地，研究人员将在优质硬件条件的支持下，深耕南越国史、岭南文化中心地、海上丝绸之路史迹等学术主题，及时转化学术成果，以飨公众。

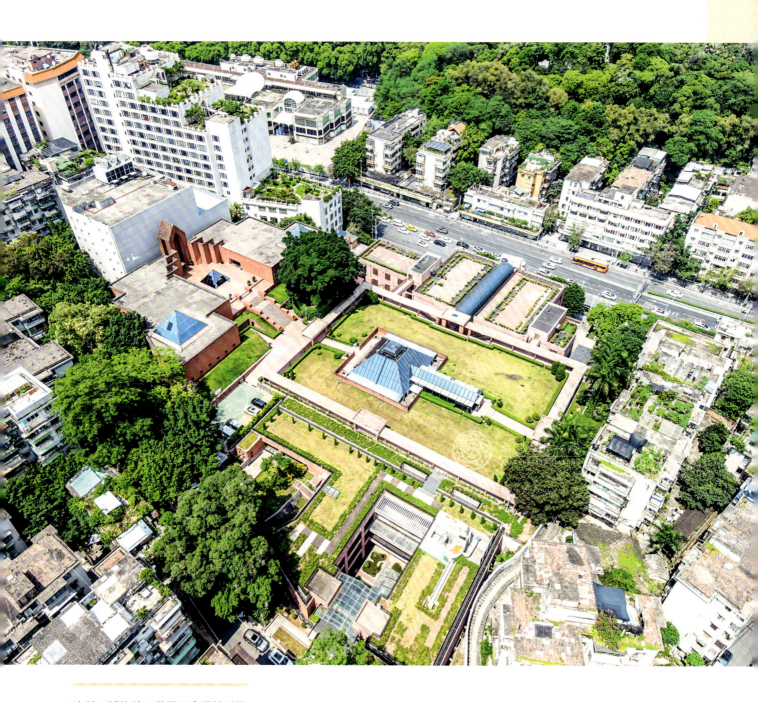

南越王博物院王墓展区全景俯瞰图

西汉南越国史研究中心

西汉南越国史研究中心"三室一厅"——藏品保护综合实验室、图书资料库房与阅览室、教育体验空间和学术报告厅，着力打造多元历史研究和教育共享空间。

修复室

保护
——科学理念　创新实践

　　文化遗产的保护是功在当代、利在千秋的事业。"文物保护一定要依靠科技"，自南越国遗迹发现以来，南越王博物院及文博工作者坚持以现代科学技术为支撑，传承与创新并存，传统与科技互鉴，使得南越国遗迹的保护从传统的经验保护、配合基建的粗放化保护走向科学的、研究型的精准化保护，并逐步建立起院藏文物、大遗址的预防性保护体系。

一

遗址保护

（一）遗址本体保护

　　南越国遗迹自发掘以来，文博工作者们便通过建造保护棚、构筑排水设施等方式对遗址本体进行维修、加固、保护。南越王博物院成立后，王宫展区和王墓展区的遗址开放展示面积目前为全省最大，达到 6850 平方米。为使遗址本体和各类遗迹得到更好的保护，延缓遗迹病变，抑制各种侵害，我们在原有基础上进行整合提升，对遗址开展科学细致的维护保养和病害处理工作，在不断摸索与研究中积累丰富的土遗址保护经验，并积极探索"研究型、科技化"的遗址保护新模式，南越国宫署遗址的保护成果是南方土遗址保护可供参考的成功典型案例。2021 年 10 月，国家文物局公布《大遗址保护利用"十四五"专项规划》，南越国宫署遗址被列入大遗址名单，是"十一五"至"十四五"时期大遗址保护项目，也是广东省内唯一连续四次入选的大遗址。

南越文王墓原址保护工程之一：构筑地下墙防渗排水设施。运用土建方法在墓室周围建造截水墙，墙体表面做防水，在墙外建造排水暗渠，以减少和消除地下水对墓室的影响。

南越文王墓原址保护工程之二：建造保护棚。1983年南越文王墓发掘后，对墓室采用工字钢做骨架，蓝色平板玻璃作幕墙、外观呈"覆斗"状建造了保护光棚，以降低雨水、日光、紫外线以及外界有害物质对古墓的破坏，同时通过安装通风和空调系统防止因内部潮湿产生病害。

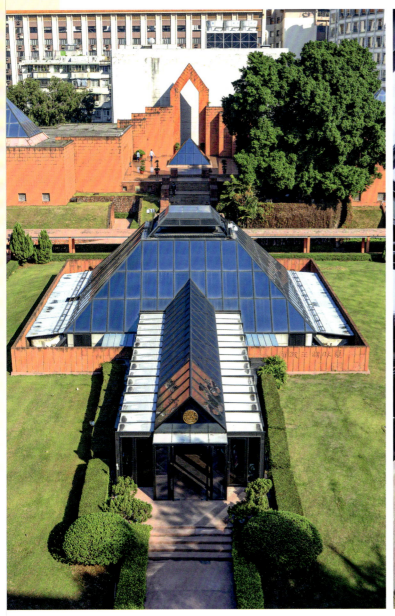

南越国宫署遗址保护工程之二：遗址二、三区回填保护及展示挖掘工程。2009年，根据《南越国宫署遗址保护总体规划》，为配合博物馆建设工程，我们实施了南越国宫署遗址二、三区回填保护及展示挖掘工程。该工程在保证了遗址及遗迹历史信息的完整性和原真性的同时，解决了大遗址回填后的承重问题，为博物馆原址建设提供了成功依据。该工程项目在城市核心区开展大面积的考古遗址保护展示，以回填保护及概念性复原展示形式，实现了有效的遗址保护，提升了遗址的可读性与观赏性，于2020年6月9日入选"广州市第一批文物保护利用典型案例"名单，被视为城市考古与文物保护的成功案例。

南越国宫署遗址保护工程之三：水井展示区抢险加固保护工程。水井展示区抢险加固保护工程主要包含水井展示区现场遗址抢险加固保护和南越国排水木暗渠实验室保护两大部分。展厅现场本体保护部分解决了南越国水井、南汉国水井及保护土墩的水位控制与水分蒸发不协调所导致的开裂、析盐、局部崩塌、苔藓类植物生长破坏等病害，以及南越国木暗渠霉变，南越国陶水管析盐、酥化、开裂等各种病变危害。

南越国木构水闸遗址的保护：政策优惠，企业参与。2000年4月至10月，广州市文物考古研究所为配合越秀区西湖路光明广场建设工程进行考古发掘，清理出南越国木构水闸遗址。遗址发现后，广州市政府提出遗址原地保护，大楼继续兴建，给予建设方以政策优惠，把原定的商住楼改为商业楼使用。此后，文物部门与建设单位循着"两利"原则，制定保护方案，在大楼中间形成一个中庭，用以保留并展示这一重要的南越国遗迹，较好地贯彻了城市建设与文物保护的双赢方针，开创了商业圈遗址保护利用的新模式。2006年首个"中国文化遗产日"，南越国木构水闸遗址对外开放。

（二）遗址常态化保护

博物馆建成开放后，遗址保护摒弃原有的配合性保护思路，转变为主动性保护与常态化管理，成立了专门的文物保护部门，负责遗址日常保养维护、监测巡查以及各类专项保护工作的推进。遗址维护保养工作的开展为下一步进行文物本体保护赢得了时间，数据采集和监测分析工作则为实现文物科学保护、管理、监控、展示等提供了基础依据和技术保障。

南越国宫署遗址的监测工作始于 2011 年底，并在之后不断进行完善和优化，监测项目达 16 项，监测点位全覆盖三个遗址的覆罩露明展示区及其外部环境，全天候实时收集各项监测数据，定期采集分析后形成相应的数据分析报告。

2012 年，针对开放后不同区域文物本体的病变情况，博物馆分别开展了南越国宫署遗址水井展示区抢险加固保护工程和南越国宫署遗址（曲流石渠）保护主楼基坑综合治水工程。其中，水井展示区抢险加固保护工程部分解决了由南越国水井、南汉国水井及保护土墩的水位控制与水分蒸发不协调所导致的开裂、析盐、局部崩塌、苔藓类植物生长破坏等病害，以及南越国木暗渠霉变，南越国陶水管析盐、酥化、开裂等各种病变危害；基坑综合治水工程对曲流石渠遗址的地下水控制、侧壁渗漏水疏堵等起到了关键性作用，可以为以后的遗址本体保护提供良好的保障。

遗址监测——南越文王墓墓室空鼓区域、表面硬度监测及毛细吸水率微观测试。

遗址监测——设置墓室、室内、室外温湿度传感器和二氧化碳温湿度传感器。

遗址监测——设置室外自动气象站，监测大气温度、大气湿度、降雨量、太阳辐射、风向、风速等。

2014 年，博物馆启动并完成了"南越国宫署遗址考古三维数据采集"项目，通过三维数据采集项目，把遗址现状和所有文物遗迹的原真性数据采集存档、图像成型，并利用先进的信息化技术进行文物病变的统计和分析，实现文物管理的现代化、科学化、信息化，为实现将来的文物科学化保护、监控、展示等提供技术保障。

2014 年起，博物馆引入具有文物保护资质的专业机构，持续对遗址文物进行清洁消毒、除盐、微生物及虫害防治、木质文物保湿维护、土壤及菌种取样检测分析等日常维护保养工作，开展病变原因的综合分析研究并采取保护措施，延缓遗址退化。

在此基础上，2015 年通过立项的南越国宫署遗址本体保护工程项目开展了前期勘察设计工作，并顺利完成勘察报告和设计方案。项目计划分五期逐步完成对遗址本体的抢救性加固保护，并对不同材质文物本体开展保护试验研究，根据试验效果对遗址本体全面实施科技保护。

曲流石渠遗址区内振动监测传感器位置分布图

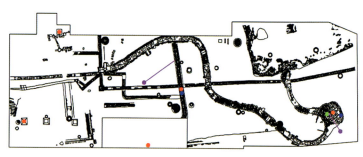

南越国宫署遗址的日常保养维护

遗址本体病害与劣化机理研究

遗址的白蚁防治

遗址杀菌消毒

遗址监测数据采集

南越国宫署遗址本体保护工程前期病害勘察

遗址出土文物脱盐工作

遗址盐类病害发展速率及影响程度研究试验装置

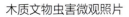

木质文物虫害微观照片

不可移动木质文物虫害灭杀治理试验

木质文物加固保护

木质文物含水率检测

木质文物复位粘接

今后，南越王博物院将继续加强对文物的保护研究和科技创新，发挥在土遗址保护研究方面的天然优势，投入更多力量建立专门的以土遗址保护研究为主的文物保护修复实验室，为开展针对土遗址病害防治、保护加固的科学研究与技术创新提供良好的专业平台支撑。依托文物保护修复实验室，结合遗址本体，研究遗址劣化衰老、病害发生发展的机理，寻找减缓遗址劣化退化、提升遗址保存展示状态的方法。

《广州历史文化名城保护规划（简本）》

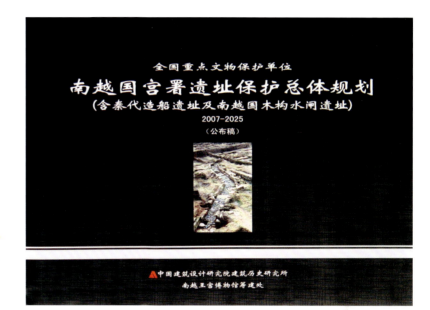

《南越国宫署遗址保护总体规划（含秦代造船遗址及南越国木构水闸遗址）2007-2025》

《海上丝绸之路·中国史迹——南越国-南汉国宫署遗址管理规划（2016-2035）》

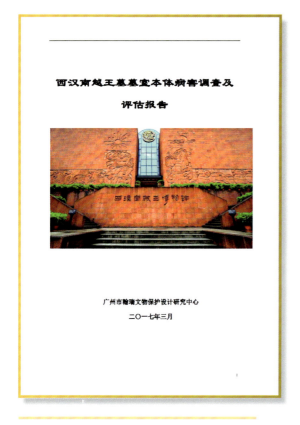

《西汉南越王墓墓室本体病害调查及评估报告》

"南越国宫署遗址二三区回填保护及展示挖掘工程"项目入选广州市第一批文物保护典型案例

南越国宫署遗址曲流石渠、南汉宫殿和水井遗迹本体保护工程项目入选"2021年度广东省文物保护工程典型案例"

二
可移动文物的保护

　　文物保护大体可分为针对文物本体的干预性保护和针对文物保存环境的预防性保护。南越国遗迹文物出土后，在科技分析支持下针对已发生的问题进行修复处理。近年来，基于风险管理的预防性保护已成为当今国际文物保护领域的发展趋势。我们通过监测、控制文物保存环境，延缓文物因自然蜕变引起的损坏，建立环境监测系统，使院藏文物的保护从传统"抢救性"保护向现代"预防性"保护转变。西汉南越王博物馆已具有国家文物局授予的可移动文物保护修复一级资质（玉器、石器、陶器、瓷器、青铜器、铁器类文物修复）。

　　南越文王墓自 1983 年 10 月发掘结束后，就开始了出土文物的保护工作，如检测文物稳定性、去除残留在文物基体内的水分及有害物质、除去有害锈、加固与补配、做旧与复原、缓蚀处理与表面封护。南越国宫署遗址出土文物实行先修复、检测，再入藏的原则，大部分藏品在未入藏阶段已经自主或委托具备资质的机构进行考古修复或精细修复，部分考古标本被送往专业机构进行检测。经过数年时间，文物得到了很好的保护。

　　环境中的不良因素是造成馆藏文物损坏劣变的重要原因。通过环境控制，降低劣化速率，对各类风险进行综合防治，是预防性保护的主要目标。在温度、湿度监控方面，展柜内采用无线传感网络技术，集成了微传感器、嵌入式计算、分布信息处理等技术，可以实现实时动态的环境监测，不仅可以确保文物处于适合的环境，同时长期监测数据也为文物保护环境研究和管理部门的决策提供了依据。

修复前后的漆木屏风铜人操蛇托座

修复前后的鎏金铜框玉盖杯

修复前后的四联体熏炉

修复人员与日本同行合作工作照

南越文王墓出土陶器定级专家会

黎金、麦英豪、陈灿强、吴凌云
（从左至右）鉴赏新征集的陶瓷枕

南越国宫署遗址考古发掘资料整理

标本分类统计

标本测量

陶瓷片拼对

陶瓷器修复

卡片制作

库房日常巡查

档案室日常管理

全方位安全保卫

原西汉南越王博物馆武警保卫

2014 年武警驻西汉南越王博物馆守卫勤务撤勤

人工抬运文物

日常消防演习训练

日常安保巡逻

日常监控系统

考古遗址博物馆是连接考古学和博物馆的桥梁。南越王博物院是以遗址保护为前提，以遗址价值展示为目的，集文化和自然遗产本体及其出土的可移动文物保护、收藏、研究、展示、管理、宣传和教育功能于一体，向公众展现广州历史、岭南文化、海丝精神的公共文化服务场所。南越国遗迹是南越先民生产生活的历史见证和信息载体，也是先民留给我们的宝贵历史财富，是人类共同的文化遗产。我们坚持在有效保护的基础上，不断增强普及中华文明的行动自觉和考古学科能力，深刻认识中华文明普及教育的重大意义，勇挑讲述中华文明故事的时代重任，提升公众对南越文化的认知、热爱和对南越国遗迹保护工作的关注、支持。

第三篇

实践

展览研究

——屡出精品 树立品牌

　　把考古工作搬进博物馆、使考古发掘现场成为展示手段之一，是我们作为考古遗址博物馆最引人入胜的地方。在多年实践中，我们探索出了优势互补的固定陈列展览体系、定位准确的临时展览体系、影响多元的外展体系。三大体系相互支撑，形成了符合博物馆定位且满足多元观众需求的立体化展陈体系，保持了文化遗存的真实性、完整性。同时，加强西汉南越国史、南汉国史、岭南文化中心地、海上丝绸之路广州史迹、广州城建两千年发展史等相关领域的学术研究，在中华文明多元一体发展传承的视角下，传播岭南文化，助力铸牢中华民族共同体意识；立足湾区，为完善辐射粤港澳大湾区的现代公共文化服务体系、建设人文湾区发挥积极作用。

一

优势互补的固定展览体系

南越王博物院的固定展览体系包括遗址本体展示和出土文物展示。在遗址本体方面，我们采用覆罩露明原址呈现、模拟展示、绿化标识展示的基础展示，辅助原址等比复建及数字化展示等手段，大大提升了遗址的可读性和活力度。在出土文物展示方面，我们一直以南越文王墓、南越国宫署遗址及其出土文物的陈列和展示作为树立品牌形象的重中之重，再现广州作为岭南两千年中心地、海上丝绸之路重要节点城市的辉煌历史。

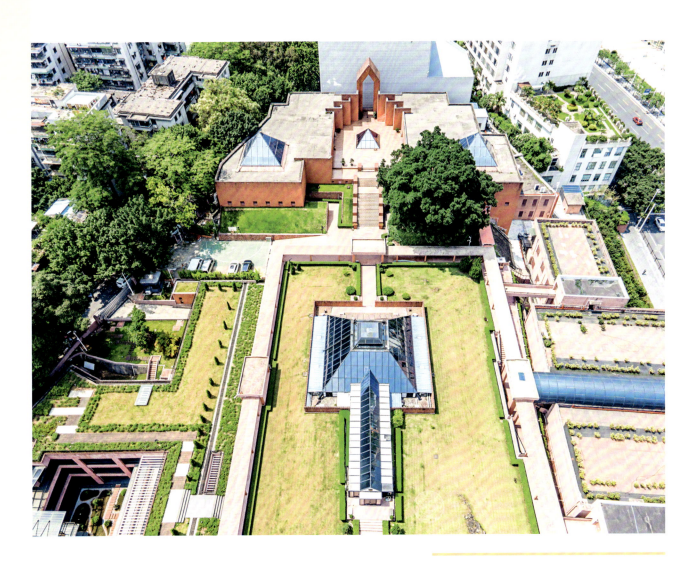

南越文王墓原址展示——墓室保护棚与主体楼

墓室保护光棚入口及内部

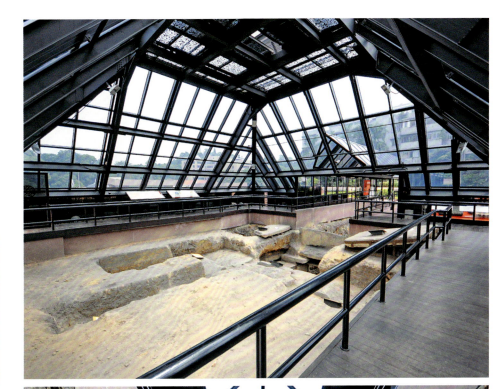

墓道及墓室顶部

南汉国宫殿遗址现场展示（局部）

广州古代水井现场展示（局部）

曲流石渠遗迹现场展示（局部）

　　王宫展区以南越宫苑馆、南汉宫殿馆和古代水井馆的地下一层为遗址本体展示，分别展示南越国曲流石渠、南汉国二号宫殿、南越国水井、南越国地下排水管道、南汉水井、南汉排水渠等重要遗迹，原貌展示的考古发掘现场保持了历史遗存本体的完整性与真实性。在遗址上方架设栈道，观众可以走进遗址，与遗址近距离接触。

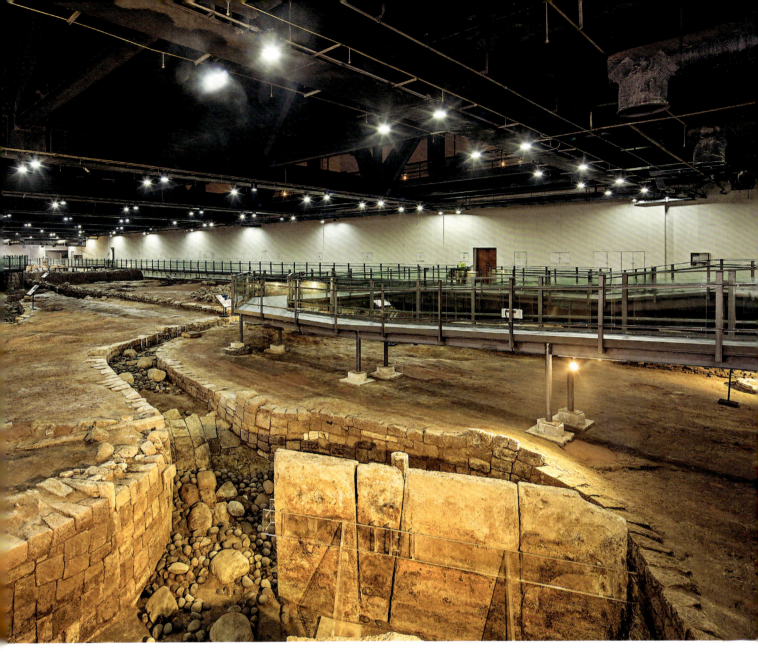

为了更好地阐释与展现曲流石渠遗迹，我们在遗址保护楼天台按遗迹原貌1∶1的比例想象复原了南越国御花园。

千年御苑数字化展示——为揭开南越王宫的神秘面纱，让南越国宫署遗址"活"起来，我们对南越国宫署遗址进行了数字化展示，将三维激光扫描、虚拟现实、全息投影、幻影成像等数字科技及多媒体展示技术与遗址展示相融合，使观众可"穿越"两千年，畅游于南越御苑溪涧鸣泉、鸟啼清幽、生机盎然的岭南园林美景之间。

2021年12月30日，展示利用项目二期——"南汉王宫"对公众开放。展示项目采用多台投影仪设备，通过软件平台对多个画面进行无缝衔接，使影像融为一个整体沉浸式三维画面。全方位立体声演绎南汉宫殿场景。这是国内首次将MR、OLED透明屏及眼球追踪技术整合运用到大遗址数字化展示中，也是首次让遗址结合沉浸式三维视听大场景的成功案例。

西汉南越王墓出土文物陈列（1993年）

1993年由上海博物馆费钦先生主持设计。展览在充分利用馆舍建筑美学的基础上，结合古墓遗址博物馆的独特条件，打破传统的按年代和文物类别进行陈列的模式，将随葬品按墓室进行专题陈列来体现墓葬的真实情况。

南越藏珍——西汉南越王墓出土文物陈列（2010 年）

随着南越文王墓及其出土文物的研究取得新的进展以及博物馆展陈理念与技术的推陈出新，为了更好地保护文物、揭示其文化内涵，西汉南越王博物馆借广东亚运会的契机，对原有基本陈列进行了改造。改造后的"南越藏珍——西汉南越王墓出土文物陈列"被评为第九届（2009 ～ 2010 年度）全国博物馆十大陈列展览精品之一。

杨永德伉俪捐赠藏枕专题陈列（1993 年）

1993年，为了表彰香港著名文物鉴藏家杨永德伉俪的爱国情怀，西汉南越王墓博物馆特设了专门的展厅展示其捐赠的陶瓷枕，按年代和窑口进行专题陈列，展示陶瓷枕的渊源与兴衰。

2019年9月30日，"杨永德伉俪捐赠藏枕专题陈列"正式开幕，并作为常设展览永久展出，这是以原瓷枕展示为基础，结合西汉南越王博物馆历年的征集及研究成果，精心打造的全新展览，也是原展览26年以来的首次更新。新展览除对内容和形式进行了改陈更新，在展柜以及配套的文保、安防系统等方面也做了全面升级。

秦汉南疆——南越国历史专题陈列（2023年）

2023年5月18日，"秦汉南疆——南越国历史专题陈列"在南越王博物院王墓展区开幕。作为南越王博物院建院后首个基本陈列，"秦汉南疆——南越国历史专题陈列"充分体现了博物院以南越国重要考古遗存为依托的大型考古遗址类博物馆的性质，和以"西汉南越国史和南汉国史""岭南文化中心地""海上丝绸之路广州史迹""广州城建两千年发展史"的四个定位，并与王墓展区原有基本陈列"南越藏珍——西汉南越王墓出土文物陈列"珠联璧合、相得益彰，较完整地展现了西汉南越国极富特色的历史风貌。展览共展出精品文物200余件（套），站在中华文明多元一体的视角，通过展示广东和广西地区秦汉时期（尤其是西汉南越国时期）出土文物及考古发掘材料，结合史籍相关记载，从族群、地域和文化等角度讲述先秦岭南、秦统一岭南、南越立国、岭南开发的过程和产生关键性作用的历史人物，带领观众见证岭南地区逐步发展，并最终融入统一多民族国家的历史进程。

岭南两千年中心地

王宫展区基本陈列总称"岭南两千年中心地"，在陈列展示楼、古代水井馆集中展示，包括"南越王宫""南汉王宫""名城广州二千年""饮水思源——广州古代水井文化"四大部分，全面、立体、真实、直观地展示了南越国宫署遗址的考古历程与成果，体现了广州作为岭南两千年中心地的历史进程。

二
定位准确的临时展览体系

　　相较于综合性博物馆，考古遗址博物馆所能展示的文化遗产类别较少，时间段较短，展览主题较为受限。在这样的情况下，我们在临时展览的策划上明确定位，凸显特色，紧紧围绕"考古遗址、南越历史、海丝文化、陶瓷文化"四大主题举办原创展览，推出汉代诸侯王系列展、中国古代名窑瓷器系列展、中国古代文明系列展、世界古代文明系列展、海上丝绸之路系列展等原创精品展览，旨在讲好广州故事、南越故事和海丝故事，以擦亮南越文化品牌。

汉代诸侯王系列展

中国古代名窑瓷器系列展

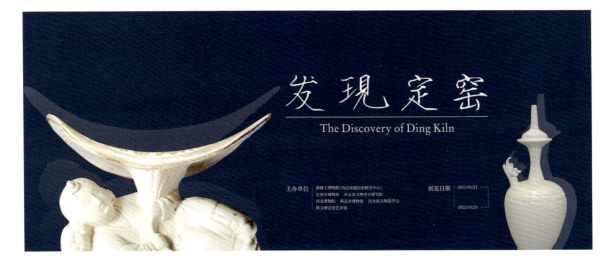

中国古代文明系列展

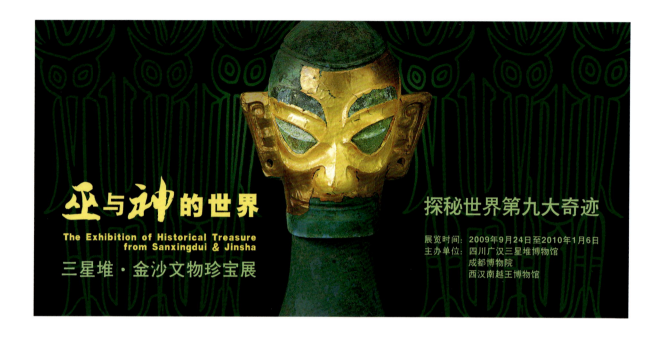

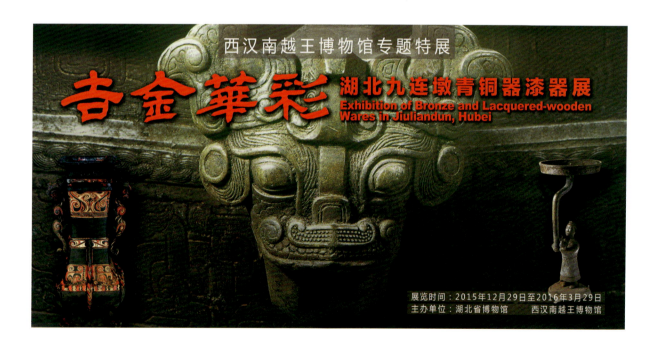

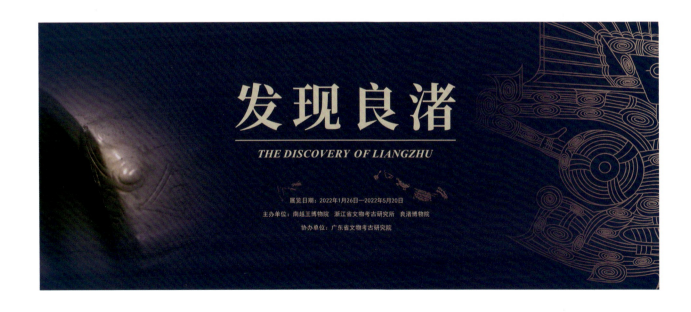

世界古代文明系列展

海上丝绸之路系列展

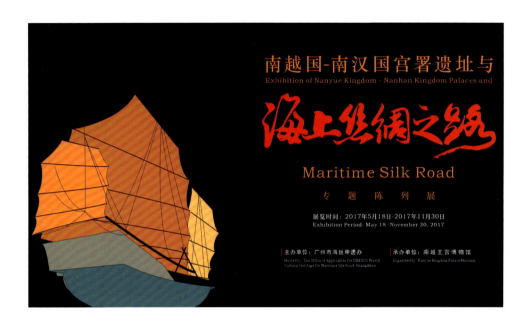

展览时间：2017年6月9日~12月10日　　　展览地点：西汉南越王博物馆

主办单位：广州海上丝绸之路史迹保护和申报世界文化遗产工作领导小组办公室
　　　　　广州市文化广电新闻出版局（广州市文物局）
承办单位：广州市文物考古研究院　　广州博物馆
　　　　　南越王宫博物馆　　西汉南越王博物馆
支持单位：广东省佛教协会　　广州市民族宗教事务局
　　　　　广州光孝寺　　广州市伊斯兰教协会
　　　　　广州市黄埔区文化广电新闻出版局
　　　　　江门市文化广电新闻出版局　　江门市博物馆　　台山市博物馆

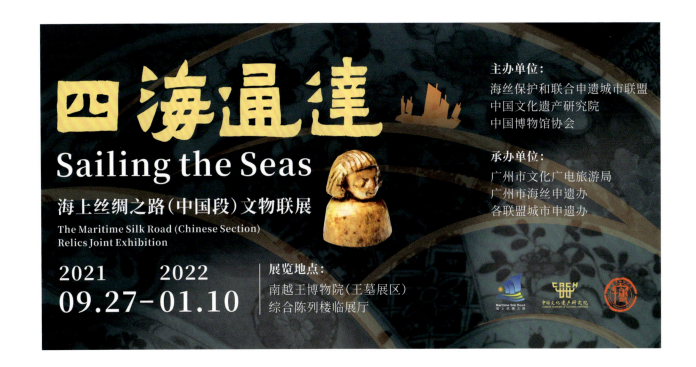

2023年7月3日，"从广州出发——'南海Ⅰ号'与海上丝绸之路"在南越王博物院王墓展区综合陈列楼三楼临展厅展出。

此次展览凝聚了广州、香港、澳门、深圳、惠州、佛山等多地文博单位的力量，是一次深化粤港澳大湾区考古研究合作的重要成果展示，以历史文化为纽带，深挖粤港澳大湾区海丝文化内涵，提升湾区文化魅力，为读懂岭南、读懂大湾区提供了新视角。

南越国、南汉国主题原创展

2023年1月11日，"字里春秋——南越国时期文字文物特展"在南越王博物院王墓展区综合陈列楼三楼临展厅展出。其中南越木简是自出土以来的首次公开展出。

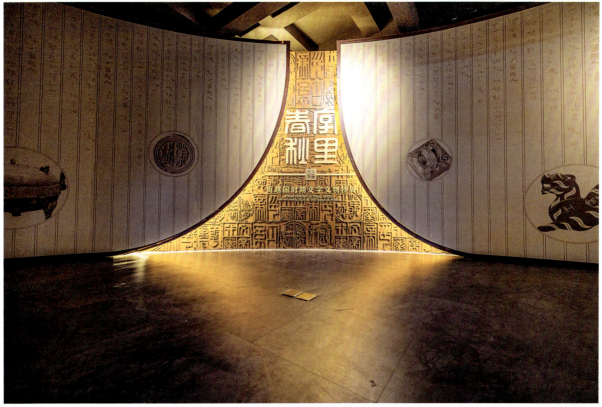

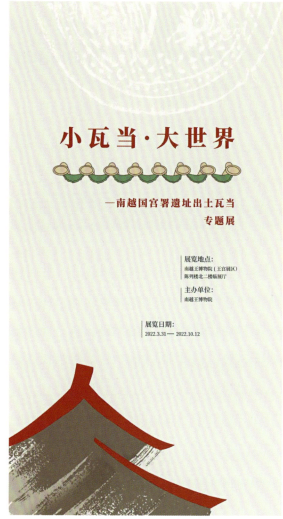

历史文化名城系列展

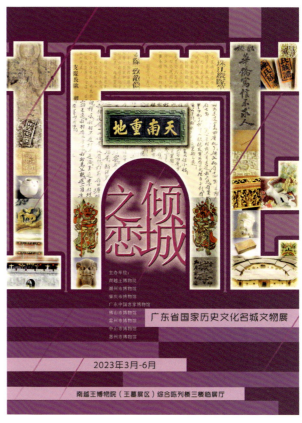

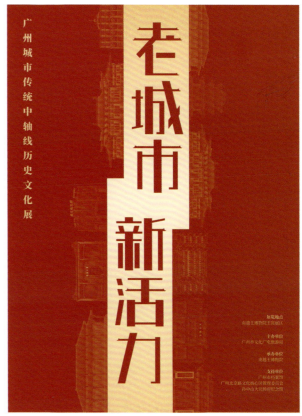

其他原创展览

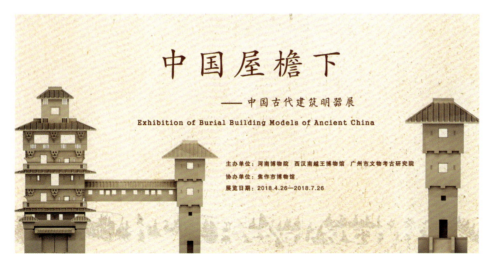

千秋镜鉴
——中国古代铜镜展
Ancient China Bronze Mirrors

主办单位：广东大观博物馆
西汉南越王博物馆
展览日期：2018.8.10—2018.9.10

瓷国明珠 福建德化瓷展

展览日期：2018年8月22日—8月26日
主办单位：南越王宫博物馆、福建民俗博物馆

瓷上园林
Garden on Porcelain
从外销瓷看中国园林对欧洲的影响
The influence of Chinese garden on Europe from export porcelain

主办单位：南越王宫博物馆 中国园林博物馆
展览时间：2018年4月3日—6月3日
展览地点：南越王宫博物馆陈列楼北二楼临展厅

微信号
nanyuepalace

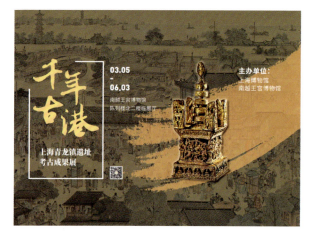

三
影响多元的外展体系

　　考古遗址博物馆承载着特定时空框架下的考古学文化。它既是一种古代地域文化的见证，亦是中华文明的重要组成部分。自 20 世纪 90 年代以来，我们本着立足本土，弘扬岭南文化，同时走出去的初衷，组织南越文王墓出土文物赴西安、香港、台湾等地及日本、德国、美国、加拿大、英国等国家展出，扩大了南越文化的影响力。南越王博物院成立以来，我们着力打造"南越文化"重磅外展品牌——"海宇攸同"，并继续推出院藏陶瓷枕系列外展。

1991 年 12 月 6 日，西汉南越王墓博物馆、香港求知雅集、香港中文大学文物馆联合举办"南越王墓玉器选萃"展在香港中文大学文物馆开幕，港督卫奕信爵士夫人为开幕式剪彩并致辞。

1996年5月7日,"中国·南越王的至宝展"在日本东京、京都、青森等地展出。

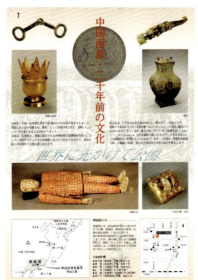

1998年5月30日,"西汉南越王墓文物特展"在台湾历史博物馆、台南市文化中心展出。

1998年12月4日，"赵眜珍宝——中国公元前122年南越王墓展"在德国法兰克福市舒恩艺术馆展出。德国《古代世界》（ANTIKE WELT）杂志做相关报道。

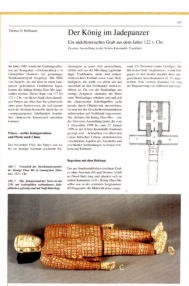

2011年，"追寻不朽——中国汉代墓葬精华展"在英国剑桥菲茨威廉博物馆展出。

2021年8月10日，以南越王博物院院藏文物为主体的"海宇攸同——广州秦汉考古成果展"亮相中国国家博物馆，成为首个在此举办的全面展示广州历年来重要考古成果的原创精品大展。此后，"海宇攸同"在上海、贵阳等多地开启了多站式全国巡展模式。

2022年7月1日，丝缕玉衣在上海中国航海博物馆"大汉海疆——南越航海文明展"展出。

2022年10月28日，南越王博物院院藏文物在贵州省博物馆"共饮一江水——夜郎与南越精品文物展"展出。

南越王博物院枕类藏品多达800余件，时间上起唐宋下至近现代，蔚为大观，是国内最丰富的枕类文物收藏单位之一。2022年1月，南越王博物院111件历代陶瓷枕精品赴运城博物馆"枕月眠云——山西古代陶瓷枕精品展"展出，开启了建院之后院藏陶瓷枕大规模外展的序幕。此后，南越王博物院藏枕陆续前往北京、浙江、内蒙古、河南、湖南、辽宁等地展出，观众反响热烈。

为增进观众对中华民族优秀传统文化的认识，加强地域历史文化交流，2023年4月18日，南越王博物院和贵州省民族博物馆联合主办的"南越国宫署遗址考古成果展"在贵州省民族博物馆开幕。

2023年7月22日，南越王博物院195件枕类藏品在河北博物院"高枕无忧——中国历代枕文物特展"中正式与观众见面。其中珍贵文物133件，一级文物23件。这是南越王博物院历年枕类文物外展数量最多、珍品最多的一次外展。

四
以院藏文物为基础的学术研究

学术研究是南越王博物院的基础性工作之一。博物院现设有独立的研究部，与藏品管理部、考古部、文物保护部、陈列展览部、宣教文创部、公共服务部和信息资料部等多个部门的专业技术人员，组成了一支具有多学科专业背景、理论扎实、实践丰富的研究团队。我们一直致力于将考古发掘成果转化为最新研究成果，通过举办学术研讨会，开设学术讲座，出版研究丛书和科普读物，提升博物院的研究水平，为学术建设添砖加瓦。

华音宫讲坛

"华音宫讲坛"是南越王博物院精心打造的高端学术讲座品牌，主题辐射国内外历史考古前沿资讯，兼具学术性与通俗性，线下线上同步直播，旨在为社会各界人士提供一个深入了解历史考古、遗产保护和文化传承的社会教育平台。

学术研究成果

南越王博物院编著：《滇王与南越王》，广州：岭南美术出版社，2023 年

广州市文物考古研究院、中国社会科学院考古研究所、南越王博物院编著：《南越木简》，北京：文物出版社，2022 年

南越王博物院编：《南越王宫》，南京：江苏凤凰文艺出版社，2022 年

西汉南越王博物馆编著：《寻找夜郎》，广州：岭南美术出版社，2021 年

广州市文物考古研究院、中国社会科学院考古研究所、南越王博物院编著：《南越国宫署遗址出土瓦当选录》，北京：科学出版社，2021 年

西汉南越王博物馆编著：《齐鲁汉风》，广州：岭南美术出版社，2020 年

西汉南越王博物馆、长沙博物馆编著：《面向海洋》，广州：岭南美术出版社，2020 年

南越王宫博物馆编著：《南越国—南汉国宫署遗址与海上丝绸之路》，北京：文物出版社，2020 年

何东红编著：《南越王墓探奇》，西安：三秦出版社，2020年

西汉南越王博物馆编著：《西汉南越王博物馆藏枕》，广州：岭南美术出版社，2019年

西汉南越王博物馆、河南博物院编著：《陶屋》，广州：岭南美术出版社，2019年

南越王宫博物馆、中国园林博物馆编：《瓷上园林——从外销瓷看中国园林对欧洲的影响》，广州：岭南美术出版社，2019年

广州市文化广电新闻出版局编：《广州市第一次全国可移动文物普查精品图录》，广州：岭南美术出版社，2018年

西汉南越王博物馆编著：《文化遗产：南越王墓》，广州：岭南美术出版社，2018年

麦英豪著，全洪主编，广州市文化广电新闻出版局、广州市文物博物馆学会：《麦英豪文集》，北京：文物出版社，2018年

南越王宫博物馆、中国社会科学院考古研究所、广州市文物考古研究院编著：《南越国宫署遗址出土钱币选录》，北京：文物出版社，2018年

西汉南越王博物馆、河北博物院、河北省文物研究所编著：《南越王与中山王》，广州：岭南美术出版社，2017年

西汉南越王博物馆编著：《西汉南越王博物馆》，广州：广东人民出版社，2017年

何东红主编:《红土黑彩——西汉南越王博物馆馆藏彩陶》,广州:中山大学出版社,2017年

西汉南越王博物馆编:《南越王墓与海上丝绸之路》,广州:广东人民出版社,2017年

西汉南越王博物馆、邢台市文物管理处、邢台市邢窑研究所、临城县邢窑博物馆编:《发现邢窑——邢窑陶瓷特展》,广州:广东人民出版社,2016年

西汉南越王博物馆、徐州博物馆编著:《大汉楚王与南越王》,广州:岭南美术出版社,2016年

张荣芳、周永卫、吴凌云著:《西汉南越文王墓多元文化研究》,广州:中山大学出版社,2015年

南越王宫博物馆编:《西汉南越国史研究论集(一)》,南京:译林出版社,2015年

西汉南越王博物馆、北京辽金城垣博物馆编:《梦落华枕——金代瓷枕艺术》,北京:北京联合出版公司,2015年

吴凌云、凌皆兵、刘新主编:《龙卧南阳——南阳汉代文物展》,广州:岭南美术出版社,2014年

西汉南越王博物馆、汉阳陵博物馆编:《帝国表情——汉景帝阳陵出土文物展》,广州:广东人民出版社,2014年

麦英豪著:《南越文王墓》,北京:文物出版社,2012年

麦英豪、王文建著:《西汉南越国寻踪》,杭州:浙江文艺出版社,2011年

王文建主编:《枕梦邯郸——磁州窑精品赏析》,广州:广东人民出版社,2011年

南越王宫博物馆编：《南越国宫署遗址——岭南两千年中心地》，广州：广东人民出版社，2010 年

吴凌云著：《赵佗》，广州：广东人民出版社，2010 年

南越王宫博物馆筹建处、广州市文物考古研究所编著：《南越宫苑遗址——1995、1997 年考古发掘报告》，北京：文物出版社，2008 年

中国秦汉史研究会、中山大学历史系、西汉南越王博物馆编：《南越国史迹研讨会论文选集》，北京：文物出版社，2005 年

广州市文化局编：《考古发现的南越玺印与陶文》，澳门民政总署，2005 年

麦英豪、黄淼章、谭庆芝著：《广州南越王墓》，北京：生活·读书·新知三联书店，2005 年

李林娜主编：《南越藏珍》，北京：中华书局，2002 年

广州市文化局、广州西汉南越王墓博物馆编：《杨永德伉俪珍藏——黑釉陶》，广州市文化局，1997 年

西汉南越王墓博物馆编：《杨永德伉俪捐赠藏枕》，西汉南越王博物馆、宝法德企业有限公司出版，1993 年

西汉南越王墓博物馆编：《南越王墓玉器》，香港中文大学文物馆、求知雅集、两木出版社，1991 年

广州市文物管理委员会、中国社会科学院考古研究所、广东省博物馆编著：《西汉南越王墓》，北京：文物出版社，1991 年

吕烈丹著：《南越王墓与南越王国》，广州：广州文化出版社，1990 年

服务教育

——公众为本 服务为先

　　公众服务和社会教育是博物馆的两大职能，我们始终以服务社会为重要的发展目标，在开放服务、教育活动、科普读物编写出版、志愿者工作等方面全方位推进，开展了一系列创新性的实践工作，提升了南越王博物院的知名度和美誉度。

一

公众服务

南越王博物院一直致力于为游客提供优质的公共服务，包括日常讲解、特色讲解、便民服务和无障碍博物馆，等等。近年来更积极开发多样化的线上活动，打破时间与空间的局限，旨在使更多的观众了解博物馆，更好地发挥博物馆的社会教育功能。

讲解是博物馆最基础、最重要的服务项目。目前南越王博物院的讲解已经由最初的嘉宾、贵宾接待讲解，发展为面向普通公众的日常讲解、面向专业学习团体的特色讲解、面向各国观众的多语言导览辅助讲解、面向特殊群体的手语讲解、面向线上观众的直播讲解等，讲解员队伍在培训学习实践中不断壮大。

同时，为提升观众的体验感，我们的导览服务也在不断发展，与时俱进。早在 2006 年，已将包含 7 种语言的导览机投入到公共服务中，成为全国最早使用导览机的博物馆之一。自 2007 年开始，博物馆纸质简介提供 6 种语言版本，此后又增加到 7 种语言。随着技术发展，我们积极利用微信导览，以及讲解机器人、AR 眼镜等设备，为观众提供多样化、个性化的导赏服务。

自1988年正式对外开放，门票定价历经数次调整，票价从1元、5元，到全票12元，再到如今的全票10元，我们始终以公众为先，门票惠民。2019年启用智慧票务管理系统与智能验证系统，电子票和纸质票相辅相成，体现了信息化和人性化，是公众服务向信息化时代转型的缩影。

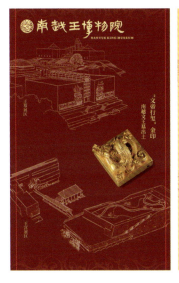 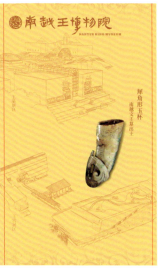 

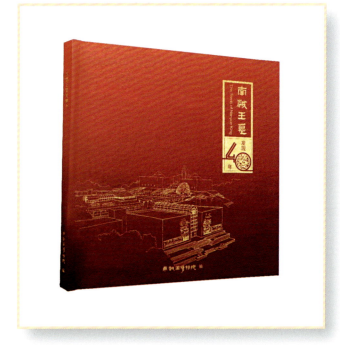

2023年6月9日是南越文王墓发现40周年，我们策划编写了《南越王墓发现40年》门票纪念册，将王墓展区向公众开放服务以来的门票汇集起来，回顾40年的发展历程和点滴。

王宫与王墓两个展区均提供线下免费讲解服务，公共服务部的讲解员们不定期在哔哩哔哩南越王博物院官方账号开展线上直播活动，带领大家足不出户"云逛"展览。

南越王博物院不定时举办特色讲解活动，讲解员小姐姐们身穿汉服，带领观众一起"穿越千年，重回南越"，身临其境地欣赏具有两千多年历史的文物。

2014年讲解员团队合照

2017年讲解员团队合照

2023年讲解员团队合照

2016年，第一代智能服务型讲解机器人"蓝蓝"在"大汉楚王与南越王"展览中亮相，实现了自动对环境进行建模，按照指定路径自主运动，在地图环境内自主漫游讲解，增强了博物馆展示的趣味性与互动性。2017年，第二代讲解机器人"红红"在"中山王与南越王"展中上岗，它采用当时先进的红外传感技术，具有自动避障、自动规划路线等功能。

南越王博物院致力于为来访观众提供便利的服务，我们设有服务台，提供咨询、受理投诉建议，提供应急医药箱和免费行李寄存服务，同时还设有免费的自助讲解器（包含普通话、粤语、英语、日语、德语、西班牙语、韩语等多语种语音导览）、导览机、婴儿车和轮椅等一系列便民装置。

为每一位社会成员提供优质服务是博物馆的责任。我们关注特殊群体，致力于开展无障碍服务项目，如设置多处无障碍通道，为特殊人群提供轮椅、助听器、盲文导览手册等辅助工具；推进助力视障人士就业的"追光主播计划"，全力打造"无障碍，有温度"的博物馆。

南越王博物院与广州导盲犬学校合作，成为导盲犬社会化的训练场馆。

2004年，讲解员为听障人群提供手语讲解。

2010年12月，讲解员参加广州市"迎亚残运会，做热情东道主"学手语展示活动。

二
社会教育

　　"一个博物馆就是一所大学校"，面向不同年龄、不同层次人群的全民教育是我们的企望。自 2006 年开始，我们结合各类展览，打造儿童活动区域，并推出送展、送课进校园等教育活动，逐步打造出以"南越工坊""探越学堂""南博之夏"为代表的教育品牌。2021 年南越王博物院建院后，更增加了"南越汉风文化节""大遗址·小学堂"等教育品牌，使教育活动种类更丰富。此外，围绕每年 5·18 国际博物馆日等重要时段，顺势开展大众创新的大型教育活动，进一步发挥博物馆的社会教育功能。

（一）儿童活动区建设

　　早在 2006 年，西汉南越王博物馆已开始在基本陈列和特展中设置儿童活动区域。2010 年，将基本陈列儿童活动区升级打造为低龄儿童探索活动空间"南越玩国"，开创博物馆儿童活动区主题化先例。特展儿童活动区则根据举办的特展变换而更新，自2006 年开创至今，已历经 40 余个特展，活动区中各项目累计超过 200 个。

2006年儿童活动区

2010年"南越玩国"主题活动区

2017年"广州：扬帆通海两千年"
儿童活动区

2009年"巫与神的世界——三星堆
金沙珍宝"儿童活动区

2022年"发现良渚"儿童活动区

（二）品牌活动

南越工坊

"南越工坊"是以手工活动为形式，以南越国历史文化知识为主要背景的公益性教育服务项目。南越工坊活动于每周末及节假日定时推出，还不定时走出博物馆开展公益服务项目，活动对象涵盖低龄儿童、青少年、成人、特殊群体，希望通过手工活动，让更多人了解南越文化及中国传统文化。

2003 年，馆内已开始举办手工教育活动；2007 年以"南越工坊"为名，作为教育活动的主要阵地正式对公众免费开放；2016 年推出会员制，实现会员信息化管理，着力开发、丰富活动种类；2020 年，南越工坊启动线上直播课程，使教育活动突破时间和地域的限制。至今，南越工坊已发展成为一个拥有累计超过 100 款原创手工，主题丰富的多元文化教育阵地。

南越工坊还多次为外地中小学生、大学生团体、外国留学生团体以及其他社会组织团体开设专场活动。

南越工坊会员卡及会员手册、护照

南越工坊"用手感受博物馆"手工活动材料包

2011年南越沙画——文物沙画制作

2015年特展"成吉思汗八百年——鄂尔多斯蒙古族历史文化"特别活动——制作立体勒勒车

2016年南越彩绘——舞人石膏俑

2019年端午节特别活动——香囊制作

2021年线上直播"镯镯"其华

外国友人参加"纸上扬帆"拓片活动

南博之夏

　　"南博之夏"是暑期系列活动的总名称，活动形式、主题多样，旨在使青少年利用暑假走进博物馆，近距离体验博物馆文化。曾举办"海丝总动员""从南越国出发""风从南越来"等主题暑期活动，深受青少年及家长的青睐。2022年，建院后南越王博物院开发"古风露营季"等活动新形式，推动"南博之夏"暑期系列活动的创新性及多样化，探索南越文化户外教育课堂，为市民朋友提供更多元的历史研学实践新体验。

2016年南博之夏——走进实验室

2016年南博之夏——海丝总动员

2022年南博之夏——古风露营季

探越学堂

"探越学堂"课程是以传播中华优秀传统文化为主要目的的馆校合作课程。课程以《探越笔记》《乐游南越国》历史读本为基础，以中小学生作为主要授课对象，从南越国宫署遗址、南越王墓出土文物出发，通过文本学习和互动体验相结合的形式，传承中华文明、树立文化自信。自 2016 年至今，已与广州市多所中小学合作，推进探越学堂进校园。

2020 年探越学堂课程开发线上教学新模式，采取"录制视频→各平台上线"的形式开展。其中《探越·微·课堂》为"中视频"形式，每节约 4 ～ 7 分钟，短小精干，坚持"讲授 + 实践"的特色，借助各种道具传授知识，力求严谨性、知识性、实践性、趣味性兼具；《中国传统文化系列精品课程》则以每节约 25 分钟"长视频"的形式，围绕中国传统文化开展课程。

2022 年探越学堂再度升级，推出"智慧社教平台"，整合、优化提升社教课程资源，形成数据标准统一、便于管理的社教数据资源中心，打造线上线下一体化智慧课堂系统，用于博物院开展馆校课程、送展等社教活动，全面丰富课堂体验，创新教学形式，提高社教活动质量。平台还设有 **AR** 互动、文物三维展示、历史科普、知识问答等功能，方便青少年通过平台进行自主学习，以丰富的趣味性引导青少年阅读南越历史。

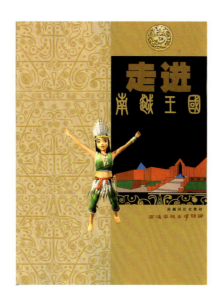 

2008 年，西汉南越王博物馆与广州市中学历史教研组合作编写《走进南越王国》读本，作为馆校合作课程的辅助资料。2016 年，我们将《走进南越王国》重新编写，命名为《探越笔记》，并作为历史读本正式出版。

探越学堂活动集萃

"探越学堂"课程获2022年"广东省博物馆馆校合作优秀教育项目十佳项目"

2022年，南越王博物院智慧社教平台投入使用。

"探越学堂"获2022年"广东博物馆中小学生研学实践教育优质课程十佳项目"

探越宝盒——探越学堂教学材料盒

"探越学堂"获2023年广东省"博物馆进校园"优秀教育推介"十佳"项目

无边界博物馆

南越王博物院运用"1+1+N"展区模式着力打造"无边界博物馆"，致力于践行"以人为本"的发展理念，进一步拓展博物馆社会服务功能，做到"让传统文化活起来"；以"咫尺为邻"为计划，让更多的展览走进社区、学校、商场，走进图书馆、科技馆及同行博物馆等公共文化设施，诠释博物馆力量，彰显流动展的魅力。

"南越王进社区"系列流动展览

"南越藏珍"图片展览进校园

2018年，以文物为原型的动漫IP形象——长乐熊走进佛山金茂绿岛湖，进驻白云万达购物中心、恒宝广场等商业区，打造出一个欢乐奇趣的"南越玩国"，真正做到"让传统文化活起来"，打造出名动岭南的超级IP。

2019年1月11日，"南越王·潮"文物故事展在广州凯德乐峰广场开幕，这是西汉南越王博物馆首次在商业中心举办大型文化展览，实现了"文化+商业中心"的跨界合作，创新了公共空间的文化传播。将"南越王·潮"主题展搬到商业中心开展，不仅能让这些珍贵的传统文化走进大众身边，主动发声说故事，同时也融合商业中心潮流元素，打造城市文化打卡新地标，让大众除了消费速食文化外，也能亲近传统文化，感受深刻的、多层次的、有厚度的文化底蕴与魅力。

2021年春节，"品南越故事，贺广州新年——秦汉岭南历史及美食文化展"在广州白云国际机场二号航站区美术馆展出。

2021年5～6月，"名城广州两千年——南越国宫署遗址及文物主题展"在广州地铁二号线越秀公园地铁站站台长通道展出。

2021年7月，"珠水·羊城"主题图片展在广州天字码头候船室一楼展出。

2021年8月，绘本展"南越绘玩"登陆广州安华汇。

2022年5月，"越游南越"图片展走进广州市南沙区少年宫。

2022年5月，"手绘南越国"图片展走进广东省科技图书馆。

"南越王·行"是南越王博物院打造的首辆以房车为主体的流动博物馆，以展板展示为重点，搭配VR设备、文物仿制件、图书角、投影屏、追光主播语音导览、露营项目等多种互动设施，集展览、社教、互动于一体，是博物院创新流动展览展示的全新探索。

南越汉风文化节

　　"南越汉风文化节"是南越王博物院主办的，从中华传统历史文化中汲取灵感，策划涵盖汉服、礼仪、宴乐、茶艺、篆香和插花等内容的汉风系列文化活动，活动形式灵活，包括游园活动、传统文化表演、摄影比赛和绘画比赛等。

2021年，南越王博物院联合越秀公园开展第六届"南越汉风文化节"线下专场活动，通过展演、讲古和市集的形式，把优秀历史文化精华融入国庆文化活动当中。

"南越汉风文化节"围绕"华夏霓裳美"这一主题，以传统节日为契机，将深厚的中华传统节日文化、服饰文化与独特的岭南文化内涵相结合，举办游园会、非遗技艺展示等各类线上线下汉风主题活动，还将中国传统服饰汉服与南越国宫署遗址出土的历代建筑构件之精美纹饰相结合，利用移动端网页游戏开发技术，以线上穿搭游戏的创意形式展示华夏衣冠的绚丽风姿，传播古建纹饰的丰富内涵。

南越汉风文化节集萃

大遗址·小学堂

　　"大遗址·小学堂"是南越王博物院推出的考古类教育品牌，活动以南越国宫署大遗址为依托，面向 6 至 12 岁青少年为主要对象群体而开设，紧密围绕考古、文保等公众较少接触的学科，关注和体验文博人默默付出的工作，一同探索科技应用道路上的未知。

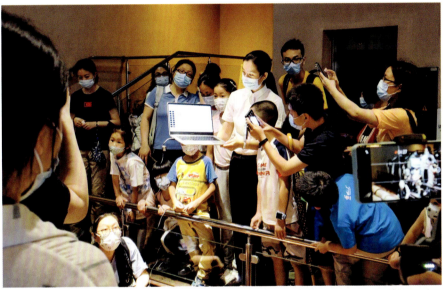

御前小学堂

　　"御前小学堂"是以 6 至 12 岁青少年为主要对象而开设的现场授课结合手工实践活动。活动围绕南越历史和遗迹遗物、海上丝路、广州城建等主题开发不同课程，配套有课件、学习册、教具和手工材料包等内容。该活动获得 2017 年广东省"博物馆优秀青少年教育项目"十佳奖项。

御前小学堂活动选粹

2018 年起，暑假期间举办的御前小学堂开展结合遗址博物馆特色的"童声趣讲广州史"语言培训和实践活动。活动提供小讲解员培训、现场讲解锻炼和讲解音频录制等实践机会，鼓励青少年观众讲解本地文物、讲述广州故事，并以此传播广州历史，培养爱家乡、爱祖国的情怀。

童声趣讲广州史活动选粹

吉祥王宫

　　"吉祥王宫"是在传统节日期间举办的民俗主题惠民活动。通过场地布置、制作和分享含有吉祥寓意的文创宣传品，如端午节文物香包、中秋节南汉国蝶恋花纹灯笼、春节文物挥春、春节文物利是封等活动形式，营造浓厚的节日气氛，弘扬传统节日的文化内涵。

2019年春节至元宵期间"吉祥王宫"活动

2020年"乐响遗址　韵醉心灵"新年音乐会：新的一年来临之际，在有着两千多年历史的南越国宫署遗址中举办新年音乐会，用中国传统乐器奏响悠扬的颂歌。

2021年"越宫追月"中秋节汉服游园活动

（三）特色活动

为加深观众对南越文化的了解，在5·18国际博物馆日等重要时间节点，我们策划了各类形式新颖的大型教育活动。2018年5·18国际博物馆日，以"天黑请探墓"为主题开放夜场活动，是建馆以来的首次夜间开放。2019年国庆，为向新中国成立70周年献礼，上演大型南越历史儿童戏剧《探越奇遇记》。2023年6月9日正值南越文王墓发现40周年，我们以"梦回南越"为主题再次开放夜场活动，观众反响热烈。

2018年"博物馆奇妙夜——天黑请探墓"夜场活动——露天皮影戏《南越故事》

2019年"庞贝：永恒的生命"戏剧教育活动

2019年10月1日，于广州蓓蕾剧院上演献礼中华人民共和国成立70周年的首部大型南越历史儿童剧《探越奇遇记》，由48名4至12岁的小演员实现舞台呈现，利用创新的戏剧手段进行文化传播。

2020年国际博物馆日以及中国文化和自然遗产日线上直播活动"停不下来的南越王——六小时大直播"与"约会南越王"

2022年"追光的力量"主题直播活动

2023年6月9日，为纪念南越文王墓发现发掘40周年，南越王博物院精心策划夜场活动"博物馆奇妙夜之梦回南越"。这是一次勇敢的创新尝试，让公众朋友们感受更温暖、更高质的服务，同时在游玩中沉浸式感悟历史之魅力，增强民族之自信。

（四）教育读物

从结合展览编写的教育小册子，到为馆校合作制作的宣教资料，再到作为正式出版物的历史读本，我们的教育读物也经历了一系列探索与创新。通过对不同年龄段读者的阅读习惯、绘本的呈现形式、教育学方法和理念等方面的研究，我们进行了各类尝试，现已刊印、出版多种不同形式、不同内容深度的教育读物，适用于学校、家庭、博物馆等场景。

各临展教育小册子

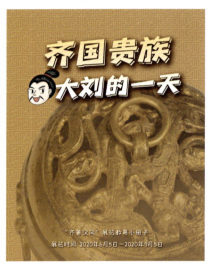

科普读物

《广州原点考古手记》是广州首本考古科普读物，它立足于广州城市建设的原点——南越国宫署遗址，利用第一手考古资料，通过组织文物出土时的故事片段，解读文物背后的历史信息，阐释考古学家如何为历史研究提供资料和补充信息，从而进一步还原广州建城之初的社会生活面貌。本书获广州市精神文明办颁发的2020年书香羊城十大好书（社科类）。

三
志愿南越

1996 年 4 月，西汉南越王墓博物馆积极响应团中央的号召和探索新形势下博物馆工作的发展之路，率先提出开展博物馆志愿服务，于 1997 年初建立了志愿者队伍，成为全国最早建立志愿者队伍的文博单位之一。1997 年初，由中山大学人类学系和历史系学生组成的志愿者队伍正式建立。许多当年的学生志愿者，如今成为文博行业的骨干精英。2008 年，我们开始面向社会公开招募社会志愿者和小讲解员。

南越王宫博物馆的建队历史可追溯至 2006 年，当时南越国宫署遗址尚在考古发掘阶段，为了让市民能及时了解这处反映广州城建历史的遗址，建立了志愿者队伍，负责讲解指引工作。2014 年，南越王宫博物馆全面落成开放，志愿者工作全面铺开。

二十多年来，两馆的志愿者团队积极践行志愿服务精神，坚持高质量服务，在讲解、送展、宣传、教育活动等各方面发挥着重要作用。2021 年，合并后的南越王博物院组建南越王博物院志愿者团队（简称"南博志愿者团队"），由王墓展区和王宫展区的志愿者组成，共有 12 支学生志愿者小队及 1 支社会志愿者小队，志愿者总注册数1486 人。

围绕志愿者管理、讲解、送展等方面的工作，我们不断进行新的探索。早在 2007 年，我们组织志愿者培训"古印度瑰宝展"展览讲解，是国内较早的以志愿者讲解临展的博物馆。2008 年起，开展志愿者协助博物馆送展工作，至 2016 年，已达成志愿者独立策划、独立执行送展。在志愿者管理方面，2016 年，在国内文博行业中率先建立起志愿者信息化系统平台，我们始终以开拓创新的精神行走在道路上。

未来，我们将以"选、培、育、用、留"五方面为重点着手，带领志愿者团队朝着制度化、专业化、多元化、信息化的方向发展，大力弘扬"奉献、友爱、互助、进步"的志愿精神，积极培育和践行社会主义核心价值观，引导志愿者参与博物馆文化传播的志愿服务活动，营造良好社会风尚。志愿者们是弘扬传承中华优秀传统文化的使者，通过自己的奉献架起了博物馆与观众之间的桥梁。

1997年，中山大学历史系学生志愿者编写宣传教育小手册《岭南之光——西汉南越王博物馆讲解词》，于2009年再版。

中山大学人类学系98级学生志愿者撰写《西汉南越王墓博物馆讲解词》

1997年最早的志愿讲解员登记表

第一批招募的社会志愿者已在岗达13年

南越王博物院王墓展区志愿者岗前培训

志愿者讲解南越文王墓原址

2007年，志愿者讲解"古印度瑰宝展"展览，
开创志愿者讲解临展的先河。

志愿者讲解南越曲流石渠遗迹

2016年5月，志愿者送展至梅州大埔三河中学。

志愿者协助"南越工坊"儿童手工教育活动

志愿者参与直播活动

一年一度的"南越王杯"志愿者活动

《南越歌》——由志愿者团队创作

原创沙画《沙话南越王博物院》是由社会志愿者马啸天演绎沙画，社会志愿者李凡一配音。通过沙画与历史相结合的方式，介绍南越王博物院的突出特色与发展历程。代表南越王博物院参加2022年"广州·518国际博物馆日"系列活动"博物馆的力量"短视频征集大赛，获官方组"优秀作品奖"。

《志愿者专刊》《志愿者20年》《志愿者手册》等图书

2010年5月，志愿者郑晓玲和陈茹分获"贺九艺、迎亚运、创文明"首届广州市志愿者讲解比赛冠军、季军。

2016年，志愿者团队荣获"中国博物馆十佳志愿者之星（团队）"奖。

南越王博物院第一届"南越大会"的志愿者和工作人员签名

2017年，社会志愿者魏凌在"中国故事——全国博物馆优秀讲解案例展示推介活动"被评为志愿者组优秀讲解员。

2021年，志愿者团队被评为"广州市最佳文旅志愿服务组织"。

2022年，"志愿者新媒体云服务"被评为"广州市最佳文旅志愿服务项目"。

2023年，学生志愿者李思拓代表广州市参加全国"海上丝绸之路保护和联合申报世界文化遗产城市联盟博物馆讲解员大赛"，荣获"优秀讲解志愿者"证书。

志愿者荣誉奖杯

宣传推广
—— 双轨并行　高效传播

　　南越文王墓发现发掘四十年以来，我们围绕各序列业务开展了持久且广泛的深入宣传工作。近年来，随着新媒体的发展，我们更是在重视传统公共媒体的基础上，形成了跨媒体全方位发展的崭新宣传格局。双轨并行，依托公共媒体加大对外宣传，打造自媒体方阵，深入挖掘考古遗址博物馆的文化内涵，通过图、影、音等多种形式摸索出依托可持续利用 IP 铺陈并夯实宣传效果的新工作思路，取得了不少成绩。

1983年11月11日，《人民日报》《广州日报》等权威媒体刊登广州发现西汉南越王墓的相关报道。

1985年3月11日，《南方日报》报道南越文王墓被确定为我国考古五大发现之一。

1986年12月27日，《羊城晚报》报道西汉南越王墓博物馆奠基。

1988年2月8日，西汉南越王墓博物馆正式对外开放。《人民日报》《广州日报》等权威媒体作专题报道。

展示两千年前的岭南文化
南越王墓博物馆今天开放

本报讯 位于广州市解放北路867号的西汉南越王墓博物馆综合陈列馆，今日举行竣工揭幕仪式并对外开放。

1983年6月，在广州市象岗发现了建于公元前120多年的第二代南越王赵眜大型石室墓，同年8月经国务院批准发掘，出土各类珍贵文物1000余件（套），成为解放以来岭南考古和中国汉代考古最重要的收获之一。为保护这座岭南地区最早的石室墓，广州市政府决定在原址建立博物馆，以保存、研究和展出墓中出土文物。

西汉南越王墓博物馆占地1.4万多平方米。今日竣工开放的综合陈列楼，高三层，建筑面积2800平方米。正面的一座由著名建筑师莫伯治、雕塑家潘鹤总体设计的巨型浮雕，由1300多块每块重百余公斤的红石垒砌而成，高12.4米，宽35米。穿过巨型浮雕拾级而上，综合陈列楼更显得堂皇庄重，明亮宽敞。陈列馆目前展出的各类文物共400余件，分"主棺室及墓主"、"殉葬人"、"随葬器物"、"宴乐器具"等四个部分。人们通过众多珍贵文物，对中华民族历史悠久、光辉灿烂的古代文明，对岭南汉代文化、岭南第一个封建王国——南越国的历史状况都将有所了解。

（赵君谋）

右图为全虎头带钩扣玉龙　右上图为青白玉龙纹玉饰　下图为陈列大楼外貌　越博 惠中 摄

新华社广州2月8日电（记者刘卓安）

西汉南越王墓博物馆建成
岭南汉代文化历历在目

展现丰富的岭南汉代文化的西汉南越王墓博物馆今天开始接待观众。

这个博物馆建在广州市象岗第二代南越王赵眜墓址上。赵眜是第一代南越王赵佗的孙子。秦朝灭亡后，原统一岭南时的秦将赵佗拥兵割据，自建南越国，以今广州为都城。南越国传5王，共93年，公元前111年统一于汉朝。南越国第一、二、三代王的陵墓都在广州，但历来不为人知。据5世纪的《南越志》记载，三国时，吴国君主孙权"闻佗墓多以异宝为殉，乃发卒数千人寻掘其塚，竟不可得"。三国时期上距南越国只有300余年，越王塚已经无从寻找，可见建造得极其隐秘。1983年6月偶然发现的赵眜墓，是以砂岩、玄武岩等岩石筑成的大型石室墓，深埋在象岗山顶下20米处。这座墓共出土金、银、铜、铁、木、石、象牙、漆等各类珍贵文物1000余件（套），成为解放以来岭南考古和中国汉代考古最重要的收获之一。

西汉南越王墓博物馆占地14000平方米，今天竣工落成的是第一期工程综合陈列楼，目前展出各类文物共400余件，其中包括"文帝行玺"金印、墓主棺椁、殉葬者、随葬器物和宴乐器具。

1993年2月9日，《南方日报》报道西汉南越王墓博物馆主体
陈列楼竣工，博物馆揭幕。

1993年2月8日，《广州日报》报道杨永德伉俪捐赠藏枕义举。

1996年2月18日，《中国文物报》刊登南越国宫署遗址等被评为1995年"全国十大考古新发现"。

1993～2003年，随着博物馆的对外开放，南越国遗迹和珍宝开始通过外展的形式走出去，南越文化获得了媒体的高度关注。

走进新世纪，在馆舍、藏品和展品的支撑下，
博物馆越来越注重其教育功能，媒体将目光投
向博物馆的专题展览和教育活动，为南越文化
增添了许多亮色。

近十年，新媒体如雨后春笋般涌现，关于博物馆的媒体报道呈现多形式、多渠道和多层次等特点。各大纸媒对文物、博物馆进行形式多样的报道。

电视台对博物馆展览、活动的报道

中央电视台、中国教育电视台、广东电视台、《南方日报》等权威媒体对南越国遗迹给予高度关注，制作了多部专业严谨的纪录片，为公众系统了解南越国提供多种渠道。

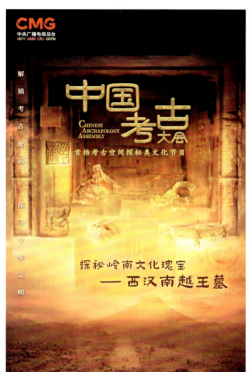

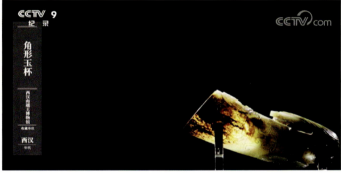

在地铁投放展览和博物馆的相关广告

2021年9月8日，南越王博物院正式建院揭牌，包括《中国文物报》《中国文化报》《南方日报》在内的权威媒体予以了专题报道，树立了南越王博物院"湾区名片、文旅标杆"的权威形象。

2021年9月22日"四海通达——海上丝绸之路（中国段）文物联展"在南越王博物院王墓展区开幕，宣传团队与《中国文物报》《南方日报》、弘博网等多家主流媒体合作，有重点、有节奏地推进展览宣传，使展览在公众中获得较高知名度和美誉度。

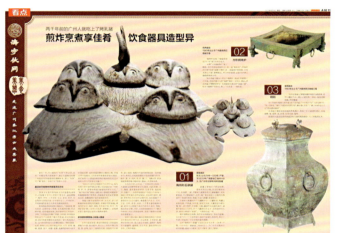

2021年8月10日"海宇攸同——广州秦汉考古成果展"在中国国家博物馆开幕,《南方都市报》专版深度报道该展览。

2021年10月19日，《广州日报》报道广东广州越国宫署遗址及南越王墓入选"百年百大考古发现"。

2021年9月8日，南越王博物院与广汽研究院联手以Magic Box智能移动服务概念车为基础，依托广汽研究院在物联网、车联网、人工智能、大数据等技术储备，推出"移动智慧博物馆——南越魔盒"，以现代信息技术提供智能服务，构建符合时代发展的博物馆理念，为博物馆建设注入活力，是博物馆"创新"的重要体现。未来的南越王博物院，也将与高新科技、多元文化接轨，多维拓展合作领域，让南越文化"活"起来。

2022年5月18日，由广州公交集团、南越王博物院联合推出的108路"南越王主题公交车"正式上线运行，主题公交车融合南越国考古遗址与文物元素，展示南越国考古成果，讲述岭南故事。市民坐上"南越王主题公交车"，便可游览南越国考古遗址，穿越广州古城，读懂广州历史。

2022年北京冬奥会奖牌设计参考南越文王墓出土玉璧

广州南越王墓同心圆纹玉璧　西汉　　　　　　　　北京 2022 年冬奥会奖牌　正面

2022年"穗虎迎新春"相关报道

南越王博物院与游戏企业跨界合作。2022年，与第五届《王者荣耀》全国大赛华南赛区合作，打造信物——王者虎令，并拍摄视频联动宣传；与游戏《旅行青蛙·中国之旅》公益联动，在游戏内搭建南越王博物院专题页面，并上线了"蛙蛙大冒险"博物馆特别活动。

《南越王》是以专题展览或活动为主题编辑的博物馆原创报纸,自1993年推出以来,目前已出版80期。通过报纸的形式,解答展览或活动的主旨内容,为观众提供多个角度了解展品和博物馆工作。2016年,由《南越王》50期报纸结集为《南越絮语》一书出版,该书内容丰富、主题多样,留存了许多珍贵的历史资料和信息。

随着互联网的发展，基于移动设备的新媒体应用不断涌现，西汉南越王博物馆紧跟时代步伐，早在 2013 年就注册了微博账号，并于 2014 年正式运营微信公众号，长期以来深耕"两微一网"，为公众提供了必要的资讯。合并以来，南越王博物院结合最新趋势通过图文、音视频等不同类型切入，形成了"两微一网、多平台并进"的新媒体矩阵。

博物院深耕微信、微博和官方网站，微信专注开展遗址、文物和展览的深度科普，微博结合热点及时传播院内资讯，官方网站为公众提供了解博物院的官方渠道，为参观展览补充了必要的获取信息途径。以抖音、哔哩哔哩、微信视频号为代表的视频类平台，以喜马拉雅为代表的音频类平台以及小红书等资讯分享类平台，是南越王博物院自媒体宣传的重要据点，以多种传播方式覆盖了更广泛的受众人群，搭建了博物馆与公众互动的桥梁。

博物院在运营自媒体平台过程中，加大科普力度，主动对外宣传，积累了大量的宣传素材，并于 2014～2020 年，将微信、微博以及各平台上的精华内容整理成资料，共推出了七本新媒体专刊。这些专刊，不仅留存了自媒体平台的运营成果，也为公众、志愿者和工作人员提供了了解博物馆的科普读物。

	新媒体平台	关注（浏览）量
两微一网	微信	90.15 万
	微博	66.8 万
	官方网站	27 万
多平台并进	微信视频号	5471
	小红书	2 万
	抖音	2.2 万
	哔哩哔哩	2.9 万

南越王博物院官方网站

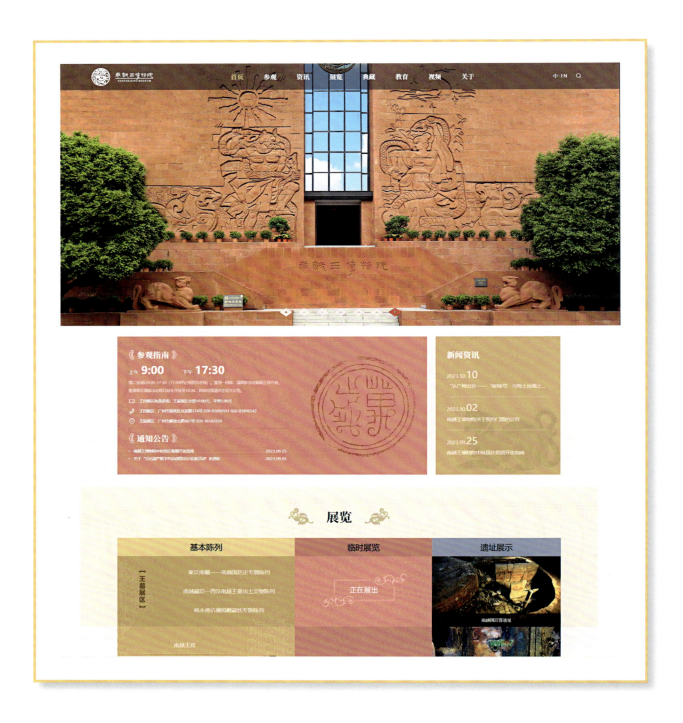

南越王博物院新媒体平台

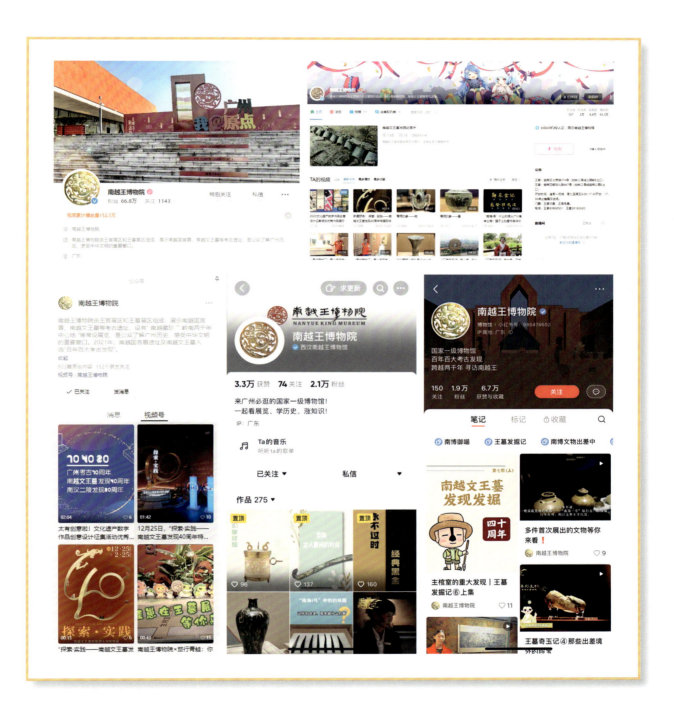

2014 ～ 2020年，推出新媒体专刊。

以精美节气海报传播优秀传统文化

文创开发

——文旅共振 创意先行

　　文化创意产品是宣传博物馆文化的重要载体，在产品开发上，南越王博物院力求做到开发的每一件文化产品都与博物院文化相关，通过文创的流动达到传播博物院特色文化的效果，让每一件纪念品在更大的时空、更广的人群中传播岭南文化、南越文化。

　　西汉南越王墓博物馆在建馆之初就设立服务部，专门负责开发具有博物馆文化特色的纪念品。在文创开发经营上，坚持社会效益原则，做到经营的所有产品都与博物馆的藏品与教育宗旨密切相关，通过自主开发、合作开发、文化资源有偿转让、商标使用权出借等多种方式和渠道，增加产品种类、提高经营效益。

　　文创开发之初，博物馆结合南越文王墓出土的珍贵文物设计制作有丝巾、胸针、书签等文创产品，在全国博物馆中走在前列。2010年，随着社会各界对文化日益重视，"让文物活起来"成为共识，博物馆结合藏品、展览以及教育活动等特色，不断开发相关文创产品。推出的"虎小将""长乐熊"等IP形象，为文创产品增添了一抹亮色。2016年，西汉南越王博物馆名列国家文物局遴选的92家全国博物馆文化创意产品开发试点单位之中。在此背景下，制定了《西汉南越王博物馆文化创意产品开发方案》，并于2018年1月成立文化创意产品开发小组，保证高效、系统、稳定地开展文创开发工作。文创工作由此走上了较为稳定的发展期。这一阶段，共开发设计出200余种文创产品，囊括了文化用品、书籍光盘明信片、丝织品、陶瓷系列、生活用品、摆件、"虎小将" IP 共七大系列。2021 年，南越王博物院正式成立，趁着揭牌的东风，博物院在原有文创工作基础上，与宣传工作紧密结合。一方面，与知名企业、数字藏品公司合作，突破原有文创产品藩篱，跨界合作、扩大影响力；另一方面加强重点文物、展览相关文创的开发设计，让文创产品更具辨识度和知名度。

在开发文创精品过程中，南越王博物院积极探索联合社会力量的文创开发模式，与文化创意企业、设计院校以及非国有博物馆等社会力量加强合作，共同推动"岭南特色文创设计基地"的建设；同时在倾力打造精品文创的基础上，高度重视文创产品的版权和知识产权的保护工作，1998 年以来先后将精品文物、博物馆馆名、馆徽及其 36 个类别进行了商标注册。

南越王博物院开发的文化产品多次被广东省和广州市外事活动选中作为礼物赠予外国友人。南越王钥匙扣、文化书签、玉雕摆件等先后获得"中旅杯"旅游商品设计赛"最佳创意奖""最佳设计奖""广州最受欢迎旅游产品奖"和"我最喜爱的广州十大手信"等荣誉称号。

西汉南越王博物馆早期博物馆商场

南越王博物院王宫展区文创区"宫苑雅集"

2018年9月30日，西汉南越王博物馆文创商店"南越一隅"开业，将转租给第三方经营的文创商店转为完全自主经营，将文创与书店多元业态相互融合，打造极具历史气息的开放式空间，以文创产品为主，同时配以相关专业书籍，让观众在购物的同时可以随意进入店内品鉴商品、字画。

2020年，原型来自南越王博物院院藏文物错金铭文铜虎节的"虎小将"系列文创，获中国旅游商品大赛金奖。

南越工坊形象代言"长乐熊"文创系列

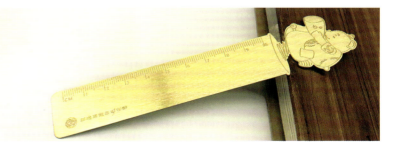

2020年，南越王宫博物馆与广州地铁合作推出"南越王宫博物馆地铁日卡套装"；2021年与羊城通公司合作推出"万岁"款一卡通。

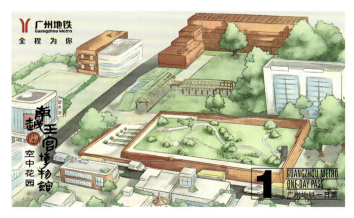

2021年，鎏金铜瑟枘熏炉荣获中国旅游商品大赛（健康主题）铜奖。

2021年南越王博物院建院纪念册、纪念文创和周年
纪念邮折

2021年，为弘扬"丝路精神"，筑梦"一带一路"，中国邮政发行《丝绸之路文物（二）》特种邮票，南越文王墓出土凸瓣纹银盒以"国家名片"形式向世人展示海上丝绸之路文化内涵。

2022年，错金铭文铜虎节荣登《虎（文物）》特种邮票。

2022年"虎福"新年礼盒

2022年,以南越文王墓出土漆木屏风上的四件铜构件为创意来源的"祥瑞佑宁——南越国守护神IP",荣获第四届粤港澳大湾区(广东)文化创意设计大赛决赛"二等奖"。

"祥瑞佑宁"插画

2022年第二届粤港澳大湾区集邮展览吉祥物"虎威威"

文创作品《有凤来仪》获得了2022 ~ 2023年度广东博物馆十大文创精品称号

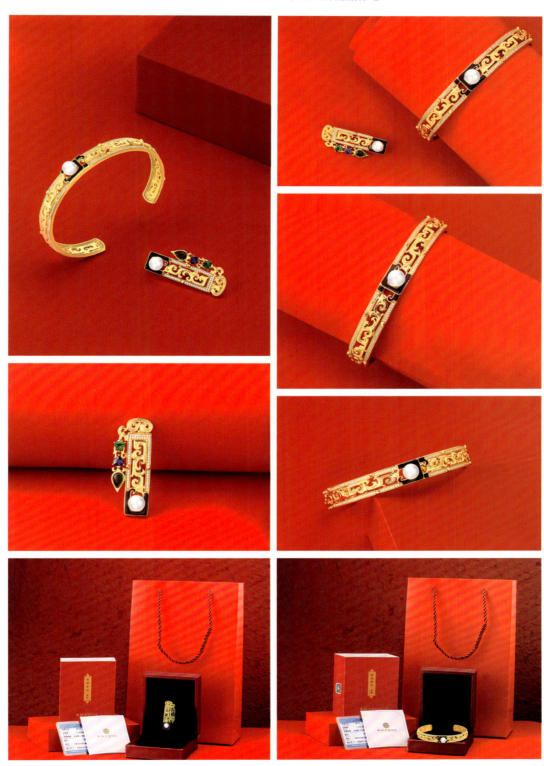

"秦汉南疆——南越国历史专题陈列"文创手账本、文件夹

"小瓦当·大世界——南越国宫署遗址出土瓦当专题展"文创瓦当杯垫一套4件

"年华·花样——南越国宫署遗址出土文物纹饰专题展"文创纹饰飞盘

"大汉海疆——南越航海文明展"文创开瓶器冰箱贴

"从广州出发——'南海I号'与海上丝绸之路"展览文创

南越王博物院研究人员在对宋代广州公使酒库遗迹整理过程中，发现了一批戳印有"酒瞪""大观三年""醇酎""百花春""真珠红""清香""德"字等交枝花卉印文酒罐，这是岭南酒业千年历史文化的重要见证。其中，"百花春"即古诗中常见的"春酒"，古人在秋收时节开始酝酿，至来年春天酿成以祈长寿。时至今日，广东佛山南海、顺德等地酒厂继承和发扬传统酿造工艺，岭南美酒香飘四海，饮誉中外。因此，南越王博物院以"从广州出发"展览为契机，联合广东省九江酒厂有限公司、广州市梁向昭西村窑陶瓷艺术研究院，在南越国宫署遗址出土宋代南海窑酱釉酒罐的基础上，研发出"百花春"之"德"系列酒文创产品，旨在更加生动地讲好广州海上丝绸之路故事。

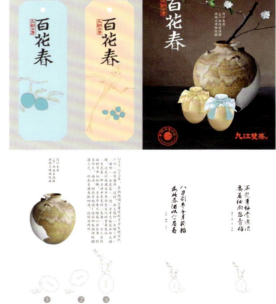

文具

选用黄铜、皮质、木质、纸质、PVC等多种材料，搭配不同纹饰，设计出南越藏珍、南越符号、古风烫金、龙凤呈祥等多个文创系列。

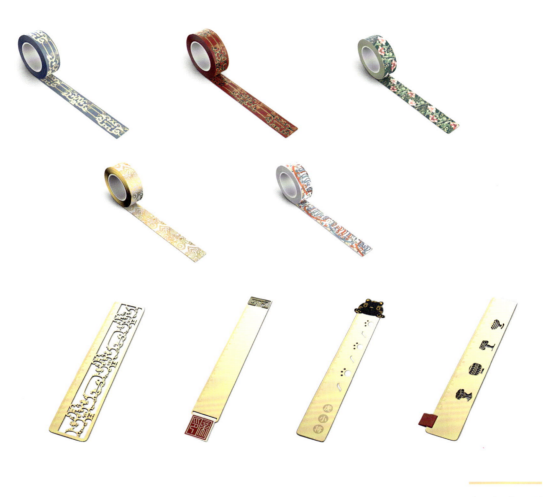

古风烫金系列

服饰

在设计中巧妙地加入文物元素，颇具古风潮流创意，彰显出文物设计元素赋予服饰的独特魅力。

围巾、丝巾、丝巾扣

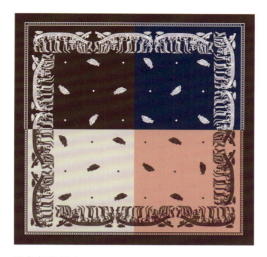

四色船纹丝巾

象牙卮丝巾

羊头纹丝巾

饰件

多以南越藏珍系列文物为原型复刻，利用黄铜高浮雕或珐琅彩工艺，突出立体质感，体现岭南文化特色。

文物胸针

龙凤呈祥系列锆石挂件

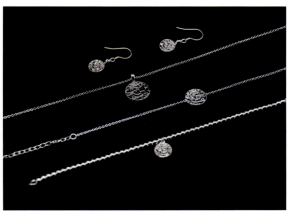

龙凤呈祥系列银首饰

玉璧、玉璜款银耳坠

南越王博物院与广东轻工职业技术学院首饰设计与工艺
专业学生合作推出有南越文化特色的首饰类作品

古法金系列玛瑙款首饰

龙凤呈祥系列贝母套组

南越符号系列首饰

包袋

选用柔软度适中的材质，注重结实耐用，设计亮点集中在图案造型美感与序列感的呈现，时尚感强，满足手提、背挎等使用需求。

叶纹挂画

非遗工艺

非遗传统工艺苗绣系列一

非遗传统工艺苗绣系列二

"南越打工人——阿南"是根据南越国宫署遗址出土的南越国人脸纹陶片设计创作的卡通形象。

2023年适逢南越文王墓发现发掘40周年，南越王博物院与《南方日报》、学习强国广东学习平台合作推出了系列专题视频《王墓奇玉记》，以文物拟人和人物采访的方式呈现"王墓40"纪念专题活动。其中卡通形象"小玉"是基于院藏文物圆雕玉舞人打造而成，围绕"小玉"IP形象，南越王博物院开发了相应的文创产品一套12件，并以条漫、动图、壁纸等形式在宣传平台对遗址和文物进行科普。

2021年9月5日，西汉南越王博物馆参加在广州举办的COMICUP 2021SP，成为首家在COMICUP展会现场开设主题展区的博物馆，博物馆打破"次元壁"，与二次元展会进行全方位战略合作，通过年轻人喜闻乐见的"二次元"文化形式，传承中华文明、展示西汉时期南越国文化的独特魅力，真正让文物"活"起来。同时为博物馆与社会多领域的融合创新提供新方向，开启共赢的新局面。

2021年12月4～6日，参加2021广州国际旅游展览会。

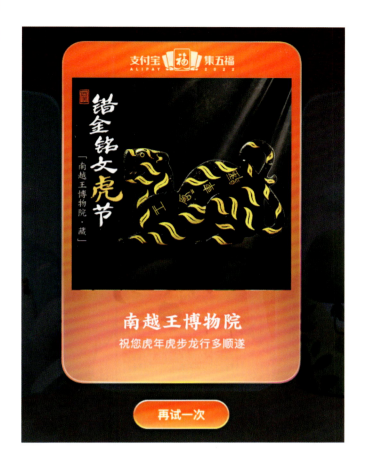

随着数字平台、区块链、扩展现实等技术的不断发展与演进，数字化技术与传统文化跨界交融，通过区块链平台进行文化传播是大众喜闻乐见、行之有效的方式。数字文创作为一种文创的新形态，使得博物馆数字文化创新的边界不断拓宽。

2022年，南越王博物院首度联手支付宝，携院藏文物"错金铭文虎节"登上彩蛋卡，并发布同款文物数字藏品，用勇中带萌的虎文物，为全国人民送去新春的祝福。

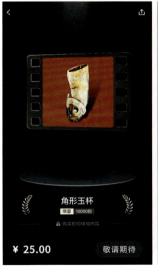

2022年5·18国际博物馆日，南越王博物院紧跟数字化趋势，推出了角形玉杯和南越玉璧、八节铁芯龙虎玉带钩数字文创。

2022年10月27日　第6个"国际熊猫日"，南越王博物院携手四川省大熊猫保护基金会推出公益数字藏品"元宝十二生肖系列——元宝虎"。

2023年新春文创——会讲故事的AR明信片

2022年，南越王博物院联合广州博物馆、广东民间工艺博物馆、广州市文物考古研究院（南汉二陵博物馆）免费发行基于博物馆建筑外立面设计而成的数字文创"博物馆星球"，为公众全方位开启了耳目一新的云端活动，助力博物馆数字化创新力量。

南越王博物院承载着传播中华民族优秀文化的使命。我们将一如既往赓续先辈们留下来的珍贵文化遗产，守护好『南越文化』这一城市文脉，以更加精准化、高质量的服务，将岭南文化、南越文化发扬光大，为塑造中华文明的突出特性、构建世界文明的多样性贡献力量。

第四篇

传承

传承
——前辈精神 永志勿忘

南越国遗迹自发掘以来，在国家文物局的指导下，受到了各级党委、政府的高度重视，得到了相关部门的大力支持，引起社会各界的广泛关注。广州市人民政府为原址保护南越文王墓，重新拨地给建设单位；为保护南越国宫署遗址，斥巨资将已出让给外商的地块收回，将儿童公园整体搬迁；为保护南越国木构水闸遗址，协调建设单位将工程方案进行调整，使其得以在原址保护。专家学者、热心观众、市民以及社区、学校、研究机构、兄弟文博单位等通过各种方式为南越国遗迹的保护、利用、研究出谋划策，贡献力量，极大地推动了南越文化的保护和传承。

广州现代考古开拓者、南越国遗迹守护者——麦英豪（1929～2016年）

　　麦英豪先生是广州现代考古发掘与研究工作的主要开拓者，其研究成果和学术思想对于广州文化遗产保护事业具有重要的启示和指导意义，在中国现代考古学界有着深远的影响。

　　他曾任南越文王墓考古发掘队队长，年近古稀时还担任1995年南越国御苑石构水池和1997年南越国御苑曲流石渠两项重大考古发掘的总领队，极力推进南越文王墓、南越国宫署遗址、南越国木构水闸遗址三大遗址的原址保护、展示和博物馆建设工作，为全国树立了城市考古与文物保护的典范；积极促成香港著名实业家杨永德伉俪将其珍藏的瓷枕捐赠给西汉南越王博物馆一事。2015年11月，他将自己珍藏的3000余册图书、期刊以及手稿书信等捐赠给西汉南越王博物馆。

南博馆是一个能给予捐赠文物与藏书者感到放心和满意的"窗口"。　——麦英豪

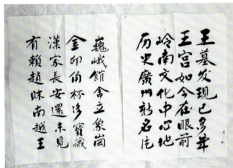

麦英豪先生与黄展岳、梶山胜等学
者往来书信

麦英豪先生手迹

麦英豪先生野外调查收集的石块

麦英豪先生曾使用的环保袋

麦英豪先生所藏印章

心系南越王墓——黄展岳（1926～2019年）

1983年7月，由中国社会科学院考古研究所、广东省博物馆、广州市文物管理委员会三方派人组成"广州象岗汉墓发掘队"，黄展岳先生任副队长。时年57岁的他亲手揭开了南越文王"文帝行玺"金印的面纱。发掘结束后，他参与编撰《西汉南越王墓》考古发掘报告，并撰写了大量与南越文王墓及其出土文物相关的研究著作，将南越国和岭南地区的社会经济研究推向一个新的阶段。2022年，黄展岳先生子女将他收藏的7800余册珍贵图书捐赠给南越王博物院。

"我与南越王墓的三十多年情缘虽暂告结束，而心系南越王墓，仍将继续，直至生命的终止。"

——黄展岳《心系南越王墓——亲历发掘、编写报告和有关活动的记忆》

黄展岳先生与《南越国考古学研究》

国宝无价，报国有心——杨永德（1921 ～ 2021 年）

　　杨永德先生原籍广东鹤山，是中国香港杰出的实业家、著名的文物鉴藏家，曾担任广州市政协港澳委员，西汉南越王博物馆荣誉馆长。他一生心系祖国与家乡的开发建设，捐资无数。自西汉南越王博物馆建馆以来，一直以赤诚之心，关怀着博物馆建设与文物保护事业，热心资助南越文王墓遗址的修复保护及建馆工程。1992年，杨永德先生及夫人杨张瑞贞女士将多年珍藏的二百余件陶瓷枕捐赠给博物馆。1993 年 2 月，杨永德伉俪捐赠藏枕专题陈列在博物馆开幕，并作为专题陈列永久展示。2012 年 6 月 11 日，杨永德先生被评为第五届"薪火相传——中国文化遗产保护年度杰出人物"。

　　（杨先生）倾多年搜求之所得，无私奉献予国家及公众，使中华民族文化之光更加灿烂地照示世界。国宝无价，报国有心，先生风范，令人敬佩。

——国家文物局前局长张德勤

杨永德先生全家福

收藏文物不宜敝帚自珍，而应公诸同好，独乐不若与众同乐。　——杨永德伉俪

1989年，杨氏藏枕在香港中文大学文物馆展出，后来这批陶瓷枕绝大部分都无偿捐赠给刚成立的西汉南越王墓博物馆。

1989年，在杨氏藏枕展开幕式上，杨永德先生与林业强先生在交谈。

2013年，广州文博界同仁赴港探望杨永德先生。

知识传承，文脉赓续

　　南越王博物院致力于建立健全藏书体系，现拥有馆藏图书三万余册，涉及历史、考古、博物馆学、人类学、社会学、设计、建筑、美术等领域的专业书籍。其中有2013年香港中文大学文物馆原馆长林业强先生捐赠的1.4万余册图书，书籍涉及历史、考古、文物、艺术、展览和博物馆学等诸多方面，涵盖中、英、日、德等多种文字；麦英豪先生、中山大学曾骐教授、王文建女士等也将其收藏图书赠予博物院，相信前辈学者和热心人士的慷慨捐赠，将是博物院发展及研究工作的基石。

林业强先生和麦英豪先生、吴凌云馆长商谈
捐赠事宜

林业强先生和他的藏书

曾骐教授捐赠藏书目录和证书

王文建女士捐赠藏书目录和证书

前行

——赓续绵延 继往开来

　　"吃水不忘挖井人。"我们秉承前辈留下的文化遗产和精神财富，致力于打造主题鲜明的精品陈列，提供优质精准的公众服务，推广特色趣味的宣教活动，推动守正创新的文创经济，为公众提供一份多元、特色、高质量的文化大餐，擦亮"南越王"品牌。如今南博人正沿着前辈们的足迹，坚定文化自信，铸牢中华民族共同体意识，做文物保护利用的践行者、贡献者、引领者，做新时代中华优秀传统文化的继承者、传播者、创新者，使南越精神代代相传，将南越文化发扬光大。

从南越文王墓的发现与发掘，到西汉南越王墓博物馆的建立、南越王博物院的成立和发展，承载着几代南博人的心血与热情。他们是甘于奉献、勇于担当、锐意进取、奋楫笃行的南博守护人。

1988年2月8日，西汉南越王墓博物馆开馆时全体工作人员合影。

1993年2月8日，西汉南越王墓博物馆全面建成开放时工作人员合影。

2003年，西汉南越王博物馆开馆15周年合影留念。

2006年6月10日，我国第一个文化遗产日南越国宫署遗址再度向公众开放纪念。

2018年，西汉南越王博物馆全体工作人员合影。

2021年1月，南越王宫博物馆建馆10周年合影。

2021年，南越王博物院全体工作人员合影。

2023年，南越王博物院（西汉南越国史研究中心）全体工作人员合影。

结　语

　　四十年来，一代代文博人甘于奉献、勇于担当、开拓进取，发掘、保护了南越国遗迹和大量珍贵文物，并通过宣传、展示、阐释，逐渐揭示了秦汉岭南文明的发展脉络，切实体现出中华民族共同体的发展路向以及中华民族多元一体的演进格局。南越国遗迹从少为人知到声名远扬，不但为现代化进程中如何在城市核心区保护考古遗址提供了范例，而且被列入世界文化遗产预备名录。

　　未来，南越王博物院将通过文化遗产的优化配置，不断打造南越文化品牌，擦亮岭南名片，高标准推进国家考古遗址公园发展；构建起与广州经济地位相适应的文化体系，为增强文化软实力、建设社会主义文化强国城市范例提供有力支撑；积极践行"一带一路"倡议，助力海上丝绸之路史迹点的保护和联合申报世界文化遗产；在粤港澳大湾区建设，尤其是人文湾区建设中，立足湾区，发挥积极作用，以"文旅标杆、湾区名片"为全新定位，向国际一流考古遗址博物馆的目标迈进，走出一条具有中国特色的文化遗产保护、利用、传承之路。